Entspannung in der Kita erleben

44 Ruheideen für kleine Auszeiten

Impressum

ISBN: 978-3-96046-278-1

Lieblingsprojekte für die Kita
ENTSPANNUNG IN DER KITA ERLEBEN
44 Ruheideen für kleine Auszeiten

VERLAG
Klett Kita GmbH
Rotebühlstr. 77
70178 Stuttgart
www.klett-kita.de

REDAKTION
Myriam Bork

REDAKTIONELLE MITARBEIT
Sarah Baudisch, Verena Ivanowitsch, Tina Scherer

AUTOR:INNEN
Marion Bischoff, Heike König, Michaela Lambrecht,
Tina Scherer, Theresa Stenner

ILLUSTRATION
Alexandra Junge

GRAFIK
Discodoener, Stuttgart
DOPPELPUNKT, Stuttgart
as - grafik & kommunikation, Annette Siegel

DRUCK
Grafik Media Produktionsmanagement, Köln

Inhaltsverzeichnis

KINDERKÜCHE

WALD & WIESE

U3-ERLEBNISREICH

KOPIERVORLAGEN

ERHOLUNG FÜR DIE SEELE

Ruhe und Entspannung

Warum sind wir so ruhebedürftig? Ist es der Acht-Stunden(-oder-mehr)-Tag, den Kinder und auch Sie selbst in der Kita verbringen? Ist es der Lärmpegel, den Wissenschaftler:innen inzwischen mit dem Krach auf Flugplätzen vergleichen? Oder ist es einfach unsere hektische, laute Zeit, die zunehmend zu stressbedingten Erkrankungen führt? Längst sind auch Kinder Opfer von stressbedingter Migräne, von Rückenleiden und nervöser Unruhe geworden. Eins vorweg: Wir können die Welt, in der wir leben, nur zum Teil ändern. Aber wir können unseren eigenen Umgang mit Stress, Zeit- und Personalmangel sowie Leistungsdruck ändern.

HER MIT DER ERHOLUNG: WARUM RUHE IN DEN KITA-ALLTAG GEHÖRT

Kluge Kitas wissen es längst: Ruhe-Einheiten, Entspannungsübungen, kleine und große Pausen, Leisezeiten, Fantasiereisen und Meditationen gehören in jeden Kita-Tag; sie sind auch Bestandteil des pädagogischen Konzeptes und Selbstverständnisses der Kita. Die Ruhe gehört in die Kita und damit auch in jeden neuen Kita-Tag. Zur Ruhe gehört natürlich nicht ein vorgeschriebenes Ruhigverhalten oder gar Stillsitzen. Ruhe-Einheiten haben zunächst das Ziel, Kindern und Erwachsenen zu ermöglichen, sich selbst, den eigenen Körper und das eigene Befinden zu erforschen und besser kennenzulernen. Damit wird auch möglich, Unruhe und Nervosität zu erkennen oder auch das Gegenteil - Erschöpfung, Müdigkeit, Abgeschlagenheit - bewusst wahrzunehmen. Was dann folgt, ist Entspannung und Erholung. Nur Menschen, die merken, dass sie erschöpft sind, können sich selbst ermöglichen, in die eigene Kraft zurückzufinden.

SO GEHT RUHE: EINE CHECKLISTE FÜR RUHE-EINHEITEN

Ruhe-Einheiten, egal ob Fantasiereisen oder Mini-Meditationen, schenken den Kindern eine kurze Auszeit in der Betriebsamkeit des Alltags. Sie helfen ihnen zur inneren Ruhe und Ausgeglichenheit zu finden, neue Energie zu tanken, sich einen Moment auf sich selbst und ihre Wünsche und Bedürfnisse zu besinnen und gestärkt ins Alltagsgeschehen zurückzukehren. Wir fassen im Folgenden für Sie zusammen, was Sie bei Ruhe-Spielen und Ideen beherzigen können, damit die Ruhe-Erfahrung für alle möglich und wirksam wird.

ZIELE

- Loslassen lernen
- Kraft schöpfen
- Kreativität und Fantasie anregen
- Sensibilisieren der Sinne
- Zur Ruhe kommen
- Die eigene Mitte finden
- Begegnung mit sich selbst
- Entspannung und Entschleunigung erfahren

REGELN

- Während der Meditation nicht sprechen oder spielen
- Wer die Meditation vorzeitig beendet, bleibt leise bei der Gruppe sitzen und stört die anderen nicht
- Die anderen Kinder nicht berühren
- Am eigenen Platz bleiben
- Den Raum nicht verlassen
- Vor der Meditation noch einmal auf die Toilette gehen

RAUM FÜR DIE MEDITATION

- Ungestörter Raum
- Schild „Bitte nicht stören und die Tür geschlossen halten!"
- Störende Elemente wie Spielsachen, Bücher oder Ähnliches aufräumen
- Störende Geräusche vermeiden
- Wenig warmes Licht (etwa eine Kerze anzünden)
- Bequeme warme Unterlage (etwa Turnmatte) und bei Bedarf Decke zum Zudecken
- Meditationsmusik

RUHE LÄSST SICH PLANEN: SO GESTALTEN SIE EINE RUHE-EINHEIT

Kopieren Sie sich diese Seiten und hängen Sie sie so auf, dass Sie sie im Blick haben. Nehmen Sie sich Zeit für die Ruhe – und dann legen Sie los!

EINSTIMMUNG

- Sich bequem hinsetzen oder hinlegen
- Bewusst atmen
- Augen schließen
- Der Musik lauschen

MEDITATIONSFÜHRUNG

- Langsam und entspannt erzählen oder lesen
- Pausen machen, damit die Kinder innere Bilder entwickeln können
- Freiraum für Fantasie lassen
- Mit ruhiger und natürlicher Stimme sprechen

RÜCKFÜHRUNG IN DEN ALLTAG

- Gliedmaßen strecken
- Gähnen
- Muskeln anspannen und entspannen
- Tief atmen
- Sich aufsetzen
- Dem Kreislauf Zeit geben

VERARBEITUNGSPHASE

- Über das Erlebte und die eigenen Gefühle sprechen
- Niemand wird ausgelacht

ABSCHLUSS

- In den Alltag zurückkommen
- Keine sofortige Hektik
- Jede:r muss zunächst den eigenen Bedürfnissen nachkommen und braucht Zeit für sich selbst

TEXT IM KASTEN: HEIKE KÖNIG

WAS BEWIRKEN RUHE UND ENTSPANNUNG IN UNSEREM KÖRPER?

„In der Ruhe liegt die Kraft“, formulierte schon Johann Wolfgang von Goethe. Und genau so verhält es sich auch heute noch: Ruhe- und Entspannungseinheiten als kleine Pausen im Alltag können dazu führen, dass sich muskuläre Spannungen reduzieren oder lösen. So können Sie Rückenschmerzen vorbeugen. Aber nicht nur der Rücken freut sich über Ent-Spannung. Blockierte oder durch Spannungen verschobene Wirbel im Schulter- und Nackenbereich können auch Schwindel, Verwirrung, Sehstörungen, Kopf- und Zahnschmerzen auslösen.

Bei Ruhe- und Entspannungsübungen können Stresshormone abgebaut oder eine erneute Ausschüttung reduziert werden, während die „guten“ Hormone besser und schneller freigesetzt werden können. Aber auch auf der seelischen Ebene wirken Ruhe- und Entspannungspausen im Alltag. Ärger oder Groll durch familiäre Spannungen, der Leistungsdruck oder Streit in der Gruppe können sich reduzieren, Angst oder Eile können verschwinden.

Per Fantasie an einen ruhigen Platz: Genügend Ruhe ist ein Baustein für eine gesunde Entwicklung

DIE ROLLE DER SINNE

Eine besondere Rolle beim Entspannen und Erholen kommt unseren Sinnen zu. Das Erleben des eigenen Körpers mit allen Sinnen ist nur möglich, wenn wir in einem Zustand der Offenheit und inneren Ruhe sind, aber umgekehrt können gerade ruhige Spiele und Ruhe-Einheiten uns zu mehr Selbstwahrnehmung verhelfen und uns in den Zustand innerer Ruhe versetzen helfen. Therapeutische Maßnahmen arbeiten sehr häufig mit dem bewussten Wahrnehmen von äußeren Reizen. Sich auf ein Geräusch oder auf ein Bild zu konzentrieren, den Boden oder den Stuhl bewusst wahrzunehmen, auf dem wir sitzen: Das kann schon der Anfang sein. Anlässe, die Welt besonders sinnlich wahrzunehmen, gibt es immer und überall und Sie sollten sie in Ihren Alltag immer wieder integrieren. Wie riecht eine Blüte oder ein Zapfen? Wie zart oder rau fühlt sich ein Grashalm genau an? Was hört man, wenn man im Wald die Augen schließt? Wie schmeckt eine Erdbeere, wenn Sie die Augen schließen und sich Zeit nehmen, einmal genau hinzuschmecken? Eröffnen Sie sich und den Kindern das Tor in die Welt des genauen Hinfühlens und schaffen Sie Raum für die Sinne.

Genügend Ruhe ist der Baustein für Ihre Gesundheit und die der Kinder. Trauen Sie sich zu ruhen, gönnen Sie sich Entspannung. Wir wünschen Ihnen viele ruhige Erlebnisse und gute Erholung mit diesem Buch!

Ihr Lieblingsprojekte-Team

KREATIVATELIER

NADEL, FADEN, DUFT UND BLÜTENZAUBER

Mein Ruhekissen

Beruhigender Lavendelduft, die Lieblingsfarbe, Kuschelgefühle: Ein selbst genähtes Kuschel- oder Ruhekissen ist viel mehr als nur ein trendiges Accessoire für die Erholungszeit. Traditionelle Fertigkeiten wie Nähen und Sticken kennen die wenigsten Kinder von zu Hause. Dabei kann man mit Nadel, Faden und Stoff wunderbar entspannen. Beim Nähen schulen die Kinder ihre Fingerfertigkeit und die Auge-Hand-Koordination. Der Herstellungsprozess fordert außerdem Konzentration, Ausdauer und Geduld.

VON THERESA STENNER

ALTER

ab 4 Jahren

MATERIAL

- Mehrere Stücke Karton oder Pappe, je mindestens 32 x 32 cm groß
- Lineal
- Bleistift
- Ausreichend Baumwollstoff
- Nähgarn in verschiedenen Farben
- Nähnadeln
- Füllwolle oder Watte
- Filz in verschiedenen Farben
- Textilkleber
- Scheren
- Schneiderkreide oder Bleistifte
- Getrocknete Lavendelblüten

VORBEREITUNG

Schneiden Sie mit den Kindern zunächst Nähschablonen zu, die später als Grundform für das Kissen dienen. Welche Form wünschen sich die Kinder für ihr Kissen: einen Stern, einen Mond, eine Blüte, einen Kreis, ein Viereck, eine Raute? Malen Sie die Grundform für das Kissen auf die Karton- oder Pappstücke. Kreise malen die Kinder mithilfe eines großen Tellers selbst.

Vom Kreis ausgehend können Sie Schablonen für Monde und Blüten herstellen. In diesem Beispiel haben sich die Kinder blütenförmige bis runde Ruhekissen hergestellt. Bereiten Sie alle Materialien auf dem Basteltisch vor.

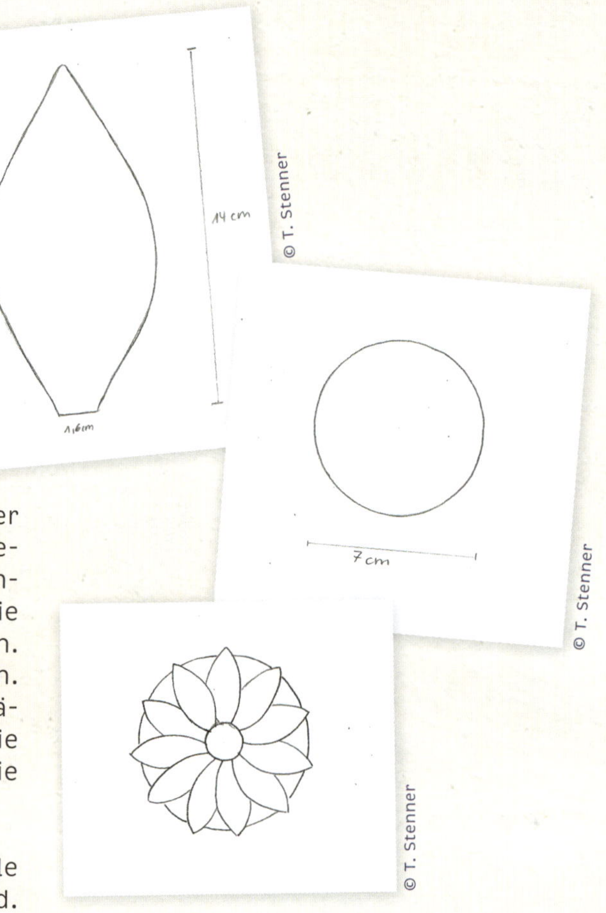

DURCHFÜHRUNG

Jedes Kind sucht sich einen oder zwei Stoffe aus und zeichnet darauf zwei Kreise mithilfe der Schablone und einer Schneiderkreide. Beide Kreise ausschneiden. Als Nähhilfe und für die Nahtzugabe zeichnen die Kinder je einen Innenkreis ein, der etwa 1,5 cm vom Rand entfernt ist. Auch hier können Sie den Kindern einen Teller oder eine weitere kleinere Schablone als Hilfsmittel geben. Die beiden Stoffkreise werden passgenau aufeinandergelegt. Entlang der gezeichneten Innenkreislinie nähen die Kinder per Heftstich beide Teile zusammen. Sie können den Kindern beim Nähen natürlich helfen. Die Stiche sollten dabei nicht zu groß sein, damit später nichts herausfällt. Falls die Kinder vorher noch nie genäht haben, führen Sie es ihnen vor und lassen Sie die Kinder an einem kleinen Stoffstück üben.

Am Ende lassen die Kinder eine etwa 5 cm große Stelle offen, durch die hindurch der Stoff umgestülpt wird. Anschließend füllen die Kinder ihr Kissen mit Watte oder Wolle. Nach Wunsch füllen die Kinder auch eine Handvoll Lavendelblüten mit ins Kissen, dann duftet das Kissen angenehm und beruhigend. Das offene Stück wird anschließend noch vorsichtig zugenäht und schon ist das Kissen fertig.

Nun folgt noch die äußere Gestaltung. Dazu schneiden die Kinder mithilfe von selbst gemachten Schablonen den Innenkreis der Blüte und viele Blütenblätter aus verschiedenfarbigem Filz zu. Sie können sich dabei an unseren Skizzen orientieren. Die Kinder suchen sich selbst aus, welche Farben sie verwenden möchten, ob die Blume bunt oder ein- oder zweifarbig sein soll. Der kleine Mittelkreis wird mithilfe des Textilklebers in die Mitte des Kissens geklebt oder genäht. Darum herum befestigen die Kinder die Blütenblätter, am besten, indem sie die unteren Enden der Blätter etwas unter den Mittelkreis schieben. Die Blütenblätter können ganz oder nur mit der unteren Schmalseite (die zum Mittelkreis reicht) am Kissen befestigt werden, sodass sie noch etwas beweglich sind. Natürlich können die Kinder ihr Kissen auch mit anderen Motiven aus Filz bekleben, ein Bild darauf sticken oder mit Textilstiften bemalen.

Mein Ruhekissen sieht so aus wie ich es will

MANDALA-IDEEN FÜR RUHE UND ERHOLUNG

Mandala-Jagd

Der Begriff Mandala kommt aus der alten indischen Hochsprache Sanskrit und bedeutet „Kreis, um den sich alles dreht" und tatsächlich sind Mandalas auch etwas ganz Besonderes. Beim Auslegen oder Ausmalen scheint eine Art Magie zu wirken, die dafür sorgt, dass man die Welt für einige entspannte Augenblicke komplett vergisst. Und am Ende ist ein wunderschönes Kunstwerk entstanden. Wir zeigen Ihnen hier verschiedene Mandala-Ideen, die Sie mit den Kindern ohne viel Aufwand und Vorbereitung genießen können.

VON HEIKE KÖNIG

© H. König

ALTER

ab 3 Jahren

Meeres-Mandala

Dieses Mandala kann mit einem Chiffontuch als Einzelarbeit auf dem Tisch oder mit vielen Chiffontüchern in Gemeinschaftsarbeit ganz groß auf den Boden gelegt werden: Mit den Chiffontüchern für ein großes Mandala einen Kreis legen. Den Sand darauf verteilen. Eine große, runde Muschel in die Mitte legen. Von der Mitte ausgehend alle anderen Materialien in gleichmäßig wiederholenden Formen und Mustern anlegen.

MATERIAL

- Blaue und weiße Chiffontücher
- Sand
- Muscheln
- Steine
- Strandgut
- Muggelsteine

Glitzer-Mandala

MATERIAL

- Glitzersteine in verschiedenen Größen und Formen
- 1 runde Filzdecke

© H. König

Die Filzdecke auf den Tisch legen. Einen großen runden Glitzerstein in die Mitte legen. Von diesem ausgehend alle anderen Glitzersteine in gleichmäßigen Mustern weiterlegen.

Blumen-Mandala

MATERIAL

- Blütenköpfe
- Kieselsteine
- Plastikfolie oder Wachstumsvlies
- Schere
- Stift
- Wassersprühflasche

Auf die Plastikfolie oder den Wachstumsvlies einen beliebig großen Kreis aufzeichnen und ausschneiden. Den Kreis auf den Tisch oder den Boden legen. Fünf gleiche Blüten in die Mitte des Kreises legen und von diesem Zentrum aus alle anderen Blüten und die Steine in gleichmäßigem Muster anlegen. Das Mandala täglich mit Wasser besprühen.

© amirage/Thinkstock

Foto-Mandala

MATERIAL

- 1 großes Gruppenfoto
- 1 Foto von jedem Kind der Gruppe

Das Gruppenfoto in die Mitte legen. Die Einzelfotos kreisförmig um das Gruppenfoto legen. Oder den Kreis vierteln in Frühling, Sommer, Herbst und Winter und die Fotos der Geburtstagskinder in den Kreisvierteln auslegen. Auch möglich: Kreisförmig „Freundestrahlen" anlegen, die Kinder in zwei Ringen um das Gruppenfoto legen. Die Kinder haben hier sicherlich noch mehr Ideen.

MANDALAS IN DER PÄDAGOGIK

Mandalas versinnbildlichen universelle Lebensformen in ihrer natürlichen Ordnung und versetzen die Gestaltenden beim Malen oder Legen in ein meditatives Erlebnis.

In Buddhismus und Hinduismus immer verbunden mit religiösen Zwecken, dient die Gestaltung eines Mandalas heute längst weltweit zur Entspannung, Meditation, zur Förderung der Konzentration und Kreativität und zum Finden der eigenen Mitte.

Mandalas helfen Kindern, sich vom Alltag zu lösen, Ärger, Stress und Lärm zu vergessen, sich selbst in Formen und Farben zu finden und eins zu werden mit sich und der Welt. In der Pädagogik versteht man heute unter Mandalas unterschiedliche auf ein Zentrum ausgerichtete Motive, die von Kindern gemalt oder gelegt werden.

ZUM KUSCHELN, EINSCHLAFEN, WOHLFÜHLEN

Traumpüppchen aus Wolle und Stoff

Angst vor dem Einschlafen oder Alleinsein? Dann ist es höchste Zeit für ein Traumpüppchen! Diese zarten kleinen Püppchen sorgen auf Zauberweise für gute Träume und Gedanken. Ein Accessoire, das auch Erwachsenen nützlich sein kann. Die Traumpüppchen sind ganz schnell fertig. Die Kinder dürfen sie auch mit nach Hause nehmen.

VON MARION BISCHOFF

© Zdolotaosen / Thinkstock

ALTER

ab 4 Jahren

MATERIAL

- Wollreste
- Karton
- Stoffreste
- Schere
- Faden
- Wackelaugen
- Füllwatte
- Nähnadeln
- Filzreste

Für die Körper der Traumpüppchen schneiden die Kinder Stoffquadrate aus. Je größer die Quadrate sind, umso größer werden auch die Traumpüppchen. In die Mitte des Quadrates legen sie Füllwatte, die sie mit dem Stoff umschließen und mit dem Faden abbinden. So entsteht der Kopf des Püppchens.

Aus Wollresten schneiden die Kinder mehrere etwa gleich lange Fäden zu, die sie ebenfalls mittig zusammenbinden. Mit der Nähnadel werden die Fäden am Kopf angenäht. Die Wackelaugen machen die Püppchen lebendig. Aus Filzresten schneiden die Kinder einen Mund aus.

Zu den Püppchen können Sie den Kindern erzählen, dass man sie neben das Bett setzt, weil Traumpüppchen den Kindern nur gute Träume schicken und aufpassen, dass schlechte Träume draußen bleiben.

EINSCHLAFEN OHNE ANGST

Wie man den Tag loslässt

Falls Ihre Kinder in der Kita noch ein Mittagsschläfchen halten und dann nur schlecht von der Aktion des Vormittags und Mittags in die Ruhe finden, bieten sich natürlich die Traumpüppchen an, um den Kindern etwas zum „Festhalten" zu geben. Nicht nur Kindern fällt das Einschlafen schwer, auch wir Erwachsene kennen das. Die Gründe dafür sind sehr unterschiedlich. Um Kindern den Übergang von der Hektik des Tages in die Ruhe des Mittagsschläfchens zu erleichtern, sollten darum auch immer diese Gründe bedacht werden.

Motorische Unruhe lässt sich beispielsweise vielleicht mit einer Reise durch den Körper beruhigen, bei der alle Körperteile einzeln bedacht und angesprochen werden. Ängste, beispielsweise vor der Dunkelheit oder vor den Geräuschen im Schlafsaal, sind bei Kindern nicht nur häufig, sondern bis zu einem gewissen Grad „normal". Hier geht es vor allem um das Vermitteln von Geborgenheit und Sicherheit. Manchmal hilft ein Traumpüppchen, Traumfänger, ein Schlaf- oder Zauberstein, ein Zauberspruch, der als Ritual gemeinsam aufgesagt wird.

Mutmacher und Glücksbringer, die am Bett befestigt und beim Einschlafen angeguckt werden können, selbst gebaute Mobiles, Armbändchen: Kleine magische Gegenstände können hier Wunder wirken und sind später eine schöne Erinnerung an die Kita-Zeit.

SIMSALABIM-MATERIAL FÜR RUHIGE STUNDEN

Zauberkisten

Wenn es im Freispiel mal wieder laut wird und sich einzelne Kinder nach Ruhe sehnen, eignen sich Zauberkisten sehr gut, um in einem stillen Eckchen entspannen zu können. Das Geheimnis dieser Mottokisten, die mit interessanten Materialien gefüllt sind, ist einerseits der Überraschungseffekt. Aber andererseits erlauben es die Kisten dem Kind, sich so richtig tief in seine Traumwelt einzuarbeiten und so zu Ruhe und Konzentration zu gelangen.

VON HEIKE KÖNIG

ALTER

ab 3 Jahren

MATERIAL

- Tannenzapfen
- Steinchen
- Zweige
- Rinde
- Eicheln
- Kastanien
- Gepresste Blätter
- Glas mit Walderde
- Runde Kreise, aus Plastiktischsets geschnitten
- Duftöl (etwa Tanne)
- 1 Wattebausch

Zauberkiste 1: Wald

Die Plastikkreise als Legeunterlage benutzen. Mit den unterschiedlichen Materialien ein Muster legen. Auf den Wattebausch einige Tropfen Duftöl tropfen und mit ihm das Legemuster ergänzen.

Zauberkiste 2: Schatztruhe

MATERIAL

- **Muggelsteine in allen Farben**
- **Formsteine wie Sterne, Monde, Pyramiden**
- **Halbedelsteine**
- **Perlen**
- **Ketten**
- **Runde Kreise, aus Filz geschnitten**
- **Duftöl (etwa Rose)**
- **1 Wattebausch**

Die Filzkreise als Legeunterlage benutzen. Mit den Steinen, Perlen und Ketten Muster legen. Auf den Wattebausch einige Tropfen Duftöl tropfen und mit ihm das Legemuster ergänzen.

Zauberkiste 3: Meer

Die Chiffontücher zu einem Kreis oder Quadrat legen und als Legeunterlage benutzen. Mit den Materialien ein Muster legen.

MATERIAL

- **Muscheln**
- **Steine**
- **Strandgut**
- **1 Glas mit Sand**
- **Blaue Chiffontücher**

Mottokiste 1: Jahreszeit

Runde und quadratische Filzplatten als Legeunterlagen ergänzen und die Kiste immer wieder jahreszeitlich befüllen. Auch frische Materialien wie kleines Obst und Gemüse benutzen.

MATERIAL

- **Herbstmaterialien wie Nüsse, Kastanien, Eicheln, kleine Kürbisse**
- **Wintermaterialien wie Wattekugeln, Sternchen, kleine Weihnachtsdekoartikel**
- **Frühlingsmaterialien wie kleine Plastik- oder Porzellaneier, Ostergras, Osterdekoartikel**
- **Sommermaterialien wie Obst oder Gemüse des Sommers**
- **Runde oder quadratische Filzplatten**

Mottokiste 2: Krimskramskiste

In dieser Kiste können sich die Kinder „querbeet“ Materialien aussuchen, die ihnen gerade gefallen und die sie gerade legen möchten.

MATERIAL

- **Alle möglichen Materialien, die sich im Laufe der Zeit ansammeln**
- **Unterschiedliche Legeunterlagen**

Noch mehr Ideen

Fragen Sie die Kinder nach Ideen für Zauberkisten. Wie wäre es zum Beispiel mit einer Kiste mit Tastmaterialien (weiches Kunstfell, zarter Sand in einem Glas, Noppenfolie ...)?

MIT RUNDEN FORMEN IN DIE RUHE

Kreismaler

Kreise haben etwas Beruhigendes. Sie haben keinen Anfang und kein Ende und wirken harmonisch und freundlich. Bei dieser Kunst-Idee sind die Kinder selbst Schöpfer:innen unendlich vieler Kreise. Was sich daraus ergibt? Eine ruhige und beruhigende Tätigkeit und vielleicht ein kleines Kunstwerk.

VON MARION BISCHOFF

© rudchenko / Thinkstock

ALTER

ab 3 Jahren

MATERIAL

- Unterschiedlich lange Wollfäden (von 5 bis 25 cm)
- Verschiedenfarbige Stifte
- Große Papierbögen (etwa Tonpapierbögen 50 x 70 cm oder Tapetenreste)
- Korkplatte, etwas größer als das Papier
- 1 Pinnwandnadel

Befestigen Sie die Stifte jeweils an einem Wollfaden. Pinnen Sie das Papier auf die Korkplatte und befestigen Sie einen der Stifte am Wollfaden und dann mit einer Pinnwandnadel auf dem Papier. Nun hält das Kind mit einer Hand die Nadel fest, mit der anderen bewegt es den Stift am straff gezogenen Faden im Kreis über das Papier. Das Kind sucht sich den nächsten Stift aus, mit dem es ebenfalls so vorgeht. Nach und nach entstehen so auf dem Papier Kreise in unterschiedlichen Farben und Größen. Achten Sie darauf, dass die Kinder die ersten Kreise vom gleichen Zentrum aus beginnen.

➔

Sicher kommen die Kinder schnell selbst auf die Idee, die Zentrumsnadeln an einen anderen Platz zu versetzen. So entstehen Kreise, die über den Rand hinausragen. Je nachdem, wie viel Ausdauer die Kinder haben, entstehen mit dieser Methode farbenfrohe Kunstwerke.

Die Arbeit mit dem Kreismaler wirkt auf Kinder beruhigend. Sie können fließende Bewegungen ausführen und sich dabei mehr und mehr entspannen.

Sie können einen Kreismaler fest in der Gruppe installieren. Hängen Sie dafür die Korkplatte an die Wand und befestigen Sie in der Mitte einen Nagel. Stellen Sie den Kindern Papier in entsprechender Größe bereit, das mittig mit einem Loch versehen ist und sich über den Nagel schieben lässt. Mit kleinen Schlaufen an den Wollfäden lassen sich diese im Nagel einhängen. So haben die Kinder jederzeit die Möglichkeit, diese Entspannungsübung durchzuführen und gleichzeitig kreativ zu sein.

© ChadBaker / Thinkstock

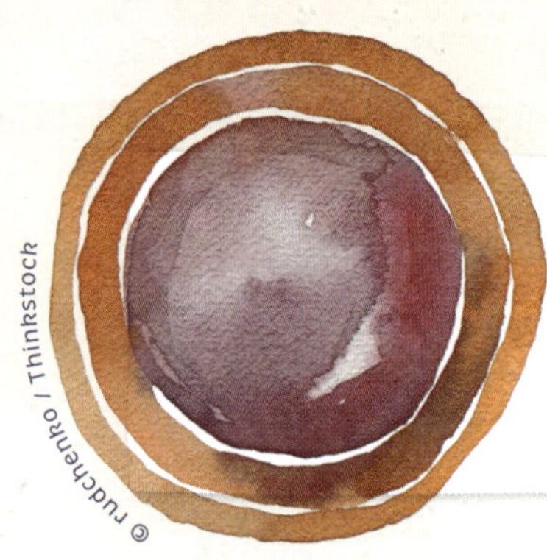
© rudchenko / Thinkstock

ZUSATZ-TIPP

Kinder, die feinmotorische Schwierigkeiten haben, benötigen einige Male Ihre Unterstützung, um sich daran zu gewöhnen, die Fäden gespannt zu halten.

Noch mehr Ideen

KÜNSTLERISCHER KREIS

Die fertigen Kreisbilder betrachten Sie am besten gemeinsam im Sitzkreis. Was könnte man damit noch anfangen? Eine Idee wäre, die entstandenen Flächen in unterschiedlichen Farben auszumalen. So entstehen futuristisch anmutende, sehr abstrakte kleine Kunstwerke, die sich für eine Kinderkunst-Ausstellung anbieten.

KUNST-EXPERIMENTE

Experimentieren Sie mutig mit dem Kindern drauflos: Malen Sie mit Silber oder Weiß auf schwarzen Tonkarton, malen Sie viele Kreise über- und ineinander. Malen Sie mit den Kindern Kreise oder Teile davon mit Tusche oder Aquarell aus und lassen Sie die Farben ineinanderfließen.

KREIS-DETEKTIV:INNEN

Vieles in unserer Umwelt besteht aus Kreisen. Gehen Sie mit den Kindern auf Kreissafari und fotografieren Sie gemeinsam runde Dinge wie Baumscheiben, Haushaltsgummis, Fingerringe, die Ränder von Gläsern und Tassen, Linsen, Pupille und Iris im Auge … Da werden die Kinder sicherlich noch viel mehr entdecken!

© Skwilkitch / Thinkstock

ENTSPANNUNG MIT PAPPKARTON

Unsere Traumhöhle

Was ist ursprünglicher und geschützter als eine Höhle? Alle Kinder lieben es, Höhlen zu bauen. So haben sie ihr eigenes kleines Reich, einen halbrunden Raum innerhalb des Gruppenraumes, der für Sicherheit und Geborgenheit sorgt. Dorthin können die Kinder sich zurückziehen, wenn sie Ruhe brauchen. Ausgestattet mit Decken und Kissen, ist es in der Traumhöhle richtig gemütlich, besonders wenn die Wände eigenhändig mit warmen Farben bemalt sind.

VON THERESA STENNER

© Yuliya Apanasenko/GettyImages

ALTER

ab 4 Jahren

MATERIAL

- 1 sehr großer Pappkarton (sollte mindestens Platz für zwei Kinder bieten)
- Breites Klebeband mit Abroller
- 1 Teppichmesser
- Bleistifte
- Sehr viel Zeitungspapier
- Kleister
- Finger- oder Temperafarben in verschiedenen Tönen
- Verschieden große Pinsel, darunter auch große Malerpinsel
- Bei Bedarf Farbrollen
- Folie oder ähnliches Material als Bodenabdeckung
- 1 Wasserbecher
- 1 Malerkittel für jedes Kind
- Bunte, durchscheinende Folie, etwa Lampenfolie
- Decken, Kissen, Polster

VORBEREITUNG

Fragen Sie bei den Eltern nach einem riesig großen Pappkarton. Oft sind größere Elektrogeräte wie Fernseher oder auch Möbel in solchen Kartons verpackt. Bereiten Sie einen Platz im Raum vor, den Sie gut mit Folie abdecken können. Darauf stellen Sie den Pappkarton. Auf einem Tisch daneben legen Sie alle anderen Materialien bereit.

DURCHFÜHRUNG

Der Pappkarton sollte rundherum fest verschlossen sein. Kleben Sie ihn, wenn nötig, oben und unten mit

→

© LanaStock/GettyImages

Klebeband zu. Alternativ können Sie auch eine Seite entfernen und ihn so drehen, dass die offene Seite nach unten zeigt.

Die Kinder nehmen sich Bleistifte und zeichnen damit den Höhleneingang auf den Karton. Dieser kommt am besten auf die Schmalseite der Kiste und ist entweder kreisrund oder bogenförmig. Auf die anderen Seiten können die Kinder runde Fenster malen, wenn sie möchten. Besprechen Sie vor jedem Schritt mit den Kindern, wie sie sich die Höhle vorstellen. Dabei lernen die Kinder auch, sich untereinander abzusprechen und Kompromisse einzugehen.

Fenster und Eingang werden dann mithilfe der Teppichmesser in die Pappe geschnitten, eine Arbeit, die Sie selbst oder ein anderer Erwachsener nach Anweisung und Ideen der Kinder übernimmt. Sollen die Fenster und Türen wiederverschließbar sein, werden sie nur zu drei Viertel ausgeschnitten. So entstehen Türen und Fensterläden. Vor die Fenster kleben die Kinder von innen farbige Folie, je nach Wunsch in Orange, Rot oder Gelb. Denn das sorgt für ein freundliches und nicht zu helles Licht im Innenraum.

Damit die Kiste nun auch wie eine richtige Höhle aussieht, wird sie komplett mit Pappmaschee überzogen. Dazu pinseln die Kinder die Pappe mit Kleister ein, zerknüllen Zeitung und kleben sie auf den Karton. So entsteht eine Art Felsenstruktur. Am Schluss kommt noch einmal eine Schicht Kleister über die Zeitung. Dann muss die Höhle mindestens 24 Stunden trocknen und darf nicht berührt werden.

© Snowdrop/GettyImages

BEMALUNG

In der Zwischenzeit überlegt sich die Kleingruppe schon mal, wie sie die Höhle bemalen möchte. Welche Farben soll sie innen und außen haben? Vielleicht möchten die Kinder dazu Skizzen machen. Ist der Rohbau der Höhle getrocknet, kann sie auch schon bemalt werden. Für die Innenwände sind warme Farbtöne wie Orange, Violett, Weinrot oder Ocker am besten geeignet. An die Decke kommt vielleicht ein Sternenhimmel? Später können Sie auch eine Lichterkette in die Höhle hängen. Das macht alles besonders geheimnisvoll. Außen wird die Höhle felsengrau und moosgrün bemalt oder haben die Kinder noch eine andere Idee?

Danach muss die Traumhöhle noch einmal gut trocknen, bevor sie mit Decken und Kissen ausgepolstert wird und die Kinder einziehen dürfen.

Zusatz-Tipp

Beobachten und Begleiten Sie den Bau aufmerksam. Helfen Sie nur, wenn nötig. Es ist sehr wichtig, dass die Kinder so viel wie möglich selbst machen, denn es soll ihre ganz eigene Höhle werden. Ein Rückzugsort, in den die Erwachsenen nur auf Einladung hineindürfen.

DER RUHE EIN AUSSEHEN VERLEIHEN

Eine Form für die Ruhe

Was ist eigentlich Ruhe? Wie fühlt sie sich an, wie sieht sie aus? Wir können sie weder direkt sehen noch greifen, doch wir können sie in uns fühlen. Wie Sie gemeinsam mit Ihren Kindern genau diesem Gefühl auf die Spur kommen und die Kinder es bildnerisch durch Farben und Formen ausdrücken können, wird anhand zweier Ansätze vorgestellt.

VON THERESA STENNER

© mashimara/GettyImages

Schaffen Sie eine gemütliche und entspannte Atmosphäre. Kleben Sie für jedes Kind ein Malblatt auf dem Tisch fest. Wählen Sie eine der folgenden Varianten für Ihre Gruppe aus, je nach eigenem Geschmack.

ALTER

ab 3 Jahren

MATERIAL

- Wasser- oder Aquarellfarben
- Pinsel
- Wachsmalkreiden
- Wasserbecher
- Küchenpapier oder Mallappen
- Dickes Malpapier in DIN A3

© Joern Siegroth/GettyImages

1. VARIANTE: DIE RUHE IST … WIE EIN STILLER SEE

Laden Sie die Kinder zu einer kurzen Fantasiereise ein und erzählen Sie mit langsamer und ruhiger Stimme.

„Schließt die Augen, dann atmet einmal tief ein und aus. (Machen Sie es vor.) Und noch einmal, tief in den Bauch. Spürt bei einem weiteren Atemzug, wie sich euer Bauch hebt und senkt, sich allmählich ein wohliges warmes Gefühl dort ausbreitet.“

Warten Sie einen Moment, dann erzählen Sie weiter:

„Stellt euch einen schönen, großen See vor. Die Oberfläche des Seewassers ist spiegelglatt und klar. Sonnenstrahlen glitzern darin und kleine Tiere hüpfen mühelos darauf umher. Es ist ganz still und friedlich. Da kommt ein kleiner Junge und wirft einen Stein in das Wasser.

Was passiert?

Es platscht laut, es spritzt an der Stelle, wo der Stein ins Wasser fällt, und das Wasser schlägt kreisförmige Wellen, die sich über den ganzen See ausbreiten. So gerät das ruhige Wasser in Bewegung. Wenn ihr mögt, könnt ihr jetzt das ruhige Wasser malen. Oder vielleicht könnt ihr euch noch etwas anderes Ruhiges vorstellen?“

Mithilfe von Wasserfarben und Pinseln malen die Kinder, was ihnen, angeregt durch die kleine Fantasiereise, in den Sinn kommt. Wer mag, kann über die leicht angetrocknete Farbe noch einmal mit Kreiden drübergehen. Das gibt tolle Effekte und Bilddetails lassen sich so sehr gut darstellen.

2. VARIANTE: WELCHE FARBE HAT DIE RUHE FÜR MICH?

Laden Sie die Kinder ein, sich bequem auf den Stuhl zu setzen und die Augen zu schließen. Erzählen Sie mit langsamer und ruhiger Stimme.

„Ihr beobachtet euren Atem, wie er durch eure Nasenlöcher und euren Mund ein- und ausströmt, eure Brust und euren Bauch hebt und senkt. Geht in eurer Vorstellung mit dem Atem mit und werdet dabei ganz ruhig. An welcher Stelle in eurem Körper spürt ihr die Ruhe? Vielleicht im Bauch, in der Brust, in den Armen, Beinen oder den Händen? Spürt genau hin. Von dieser Stelle aus breitet sich die Ruhe in eurem ganzen Körper aus. Nun stellt euch vor, ihr könntet die Ruhe nicht nur fühlen, sondern auch sehen. Wie sieht sie aus? Welche Farbe hat sie oder sind es mehrere Farbtöne? Hat sie vielleicht auch eine bestimmte Form? Spürt hin und wartet entspannt ab, bis ein Bild vor euren Augen auftaucht, dann haltet ihr es ganz fest.“

Warten Sie einen Moment, dann sagen Sie:

„Wenn ihr so weit seid, dürft ihr eure Augen öffnen. Seid bitte ganz leise und behaltet das, was ihr in euch gesehen habt, erstmal für euch.“

Wenn alle Kinder so weit sind, laden Sie sie ein, ihre innere Vorstellung von Ruhe mithilfe von Wasserfarben und Kreiden zu malen. Hatte die Ruhe nur eine bestimmte Farbe, dann füllen die Kinder ihr Papier eben nur mit dieser einen Farbe. Es kann auch gut sein, dass während des Malprozesses noch weitere Ideen und Bilder auftauchen. Die Kinder sollen ganz ihren Impulsen folgen. Das Blatt kann zum Beispiel auch erst ein- oder mehrfarbig mit Wasserfarben gefüllt und etwas getrocknet werden. Anschließend werden Muster und Formen mit Kreiden darübergemalt. Jedes Kind soll sein ganz individuelles Bild gestalten.

© _chupacabra_/GettyImages

BEWEGUNGSRAUM

VERREISEN MIT DER KRAFT DER GEDANKEN

Auf der Wiese und am Strand

Diese beiden Fantasiereisen bieten sich an, wenn sich die Kinder an einem kalten Herbst- oder Wintertag nicht ganz wohl fühlen. Dann können Sie Gemütlichkeit, Wärme, Schwere und Ruhe herbeiführen – und darum auch ein verbessertes Körpergefühl. Nehmen Sie sich mit den Kindern frei und starten Sie in diese beiden erfrischenden Kurzurlaube, die Sie nichts kosten außer einigen Minuten Zeit.

VON HEIKE KÖNIG

©kool99/GettyImages

ALTER

ab 4 Jahren

MATERIAL

- Matratzen, Kissen, Decken
- 1 gemütliche Lichtquelle (kleine Lampe, eventuell Verlängerungskabel)
- Nach Wunsch: Raumduft
- Nach Wunsch: CD-Spieler mit Entspannungsmusik, Meeresrauschen oder Vogelstimmen oder Klangschale

Für Fantasiereisen bietet es sich an, den Raum leicht zu verdunkeln, für ein gemütliches Licht zu sorgen und eine Atmosphäre zu schaffen, die zum Ausruhen und Entspannen einlädt. Die Kinder verteilen nach eigenen Ideen Matratzen oder Matten und Decken im Raum. Vielleicht gefällt den Kindern etwas Duft (Meeresduft oder Wiesenblumenduft), passend zu den beiden Fantasiereise-Zielen? Mit einer Klangschale oder einer kurzen Sequenz beruhigender Musik können Sie vor der Reise an Strand oder Meer die Kinder in die Entspannung begleiten. Auch Meeresrauschen per CD oder Vogelstimmen passen. Testen Sie mit den Kindern, was Ihnen gemeinsam gut tut.

→

FANTASIEREISE ANS MEER

Hab Sonne im Bauch

Du gehst an einem sonnigen Tag am Sandstrand des Meeres entlang. Dort kannst du das gleichmäßige Wiegen der Wellen ganz leise hören und den salzigen Geschmack des Wassers in der Luft riechen.

Deine Beine sind schwer vom Gehen im Sand und du legst dich zwischen die Sandburgen am Strand.

Die Sonne kitzelt dein Gesicht und wärmt deinen Körper.

Du fühlst dich sehr wohl in dem weichen, warmen Sand und er rieselt angenehm durch deine Finger. Deine Arme werden ganz schwer. Auch deine Beine werden immer schwerer und dein Kopf will sich nicht mehr bewegen. Du liegst ganz still und ruhig am Meeresstrand.

Die Sonnenstrahlen erwärmen deinen Bauch und du spürst in dir die Gleichmäßigkeit des Meeresrauschens. Dein Atem ist tief und ruhig. Er macht deinen Bauch immer wieder ganz rund und ganz flach. Dabei spürst du die Wärme der Sonne in deinem Bauch, er wird ganz weich und fühlt sich sehr wohl. So gut soll es deinem Bauch immer gehen.

Langsam geht die Sonne unter und man kann sie fast nicht mehr sehen. Sie ist in deinen Bauch gezogen und bleibt dort wohnen, so lange du es möchtest.

Sie wird dich wärmen und dir Kraft geben. Behalte sie oder lasse sie los, so wie du es möchtest. Und denke daran, wenn sie nicht mehr da ist, leg dich wieder ganz still an den Meeresstrand und hole sie dir in aller Ruhe zurück.

FANTASIEREISE AUF DIE BLUMENWIESE

Pflücke das Glück auf der Wiese

Es ist ein wundervoller sonniger Sommertag und du gehst über eine bunte Blumenwiese. Der Duft der Blüten kitzelt dich in der Nase und du spürst die Ruhe und den Frieden auf dieser schönen Wiese.

Du legst dich in das weiche, warme Gras und spürst, wie müde du bist. Deine Arme und Beine werden ganz schwer und du spürst, wie dein ganzer Körper in der Wiese versinkt. Die Erde ist wohlig warm und gibt dir Sicherheit und Geborgenheit. Du fühlst dich hier zu Hause.

Deine Augen schließen sich und die warmen Sonnenstrahlen fallen auf deinen Körper. Du spürst die farbigen Blumen um dich herum. Sie erstrahlen in Rot, Gelb, Lila und Blau und verströmen ihren herrlichen Duft. Du denkst an das Glück und wie es sich anfühlt, wenn man glücklich ist. Und du spürst, dass du mitten im Glück liegst und die Ruhe und Natürlichkeit der Wiese dich glücklich machen.

Pflücke das Glück und nimm es mit nach Hause und denke dabei immer wieder an die warme Sonne, die bunten duftenden Blumen und die weiche Erde der Wiese. Manchmal ist das Glück nicht groß und weit weg, sondern jeden Tag ganz nah bei dir. Begegne ihm und halte es fest, so oft du möchtest.

EINE TIERISCHE KINDERMASSAGE

Mit Eika Eidechse entspannen

Eine Eidechse flitzt in dieser Massagegeschichte mit den Kindern in die Entspannung. Ganz wie die schuppigen Reptilien genießen die Kinder hier Sonnenstrahlen, leckere süße Früchte und zarte Regentropfen. Eine herrliche Idee, um es sich eidechsenmäßig gut gehen zu lassen.

VON HEIKE KÖNIG

© macrofroginsektanimal/Thinkstock

VORBEREITUNG

Die Turnmatten oder Decken strahlenförmig nebeneinanderlegen. Die Igelbälle in einem Körbchen in die Mitte stellen. Den CD-Player und die CD bereithalten.

DURCHFÜHRUNG

Die Kinder bilden Paare. Ein Kind legt sich gemütlich mit dem Bauch auf eine Turnmatte oder eine Decke. Das andere Kind nimmt sich einen Igelball und setzt sich daneben. Die Musik spielt, wenn die Kinder den Raum betreten, und endet, wenn alle Kinder ihre Position eingenommen haben und ganz leise sind.

ALTER

ab 4 Jahren

MATERIAL

- Kleine Igelbälle
- 1 kleiner Korb
- Turnmatten oder Decken
- CD-Spieler mit Entspannungsmusik

MASSAGEGESCHICHTE

Eika, die Eidechse, lebt in einem wundervollen Wald. Morgens, wenn die ersten Sonnenstrahlen durch die Blätter fallen, glitzern die Tautropfen im Moos wie helle Diamanten. Ein Sonnenstrahl fällt auf Eikas Rücken und streichelt sie sanft und warm vom Kopf bis zur Schwanzspitze.

Der Igelball liegt neben dem sitzenden Kind. Dieses massiert sanft mit einem Finger kreisförmig den Rücken und die Schultern des vor ihm liegenden Kindes.

„Ahh“, denkt Eika, „was für ein Tag, wenn er schon so schön beginnt!“

Da fällt ein Blatt vom Baum herunter und schwebt ganz langsam durch die Luft, bis es bei Eika Eidechse auf dem Rücken liegen bleibt. Ganz zärtlich hüpft es über Eikas Rücken und fällt schließlich ins kalte Wasser des Waldbaches.

Das Kind nimmt den Igelball und berührt vorsichtig immer wieder den Rücken des liegenden Kindes.

Dann steht Eika Eidechse auf und watschelt los. Schließlich will sie heute am anderen Ende des Waldes ihre Tante Eitu besuchen. Zuerst schlüpft sie durch die stacheligen Brombeerhecken, die ihr in den Rücken piksen. Doch ab und zu bleibt sie stehen und nascht ein wenig von den süßen, leckeren Früchten.

Das Kind rollt den Igelball über den ganzen Rücken des anderen Kindes.

Dann stapft sie durch die schlammige, alte Regenpfütze und reibt sich mit der nassen Erde ein. „Oh, wie gut das tut!“, denkt sie, setzt sich auf einen warmen Stein und lässt ihren Schlammrücken in der Sonne trocknen.

Den Igelball zur Seite legen und mit der flachen Hand den Rücken des liegenden Kindes massieren.

Danach hüpft sie ins kühle Nass und Tausende von kleinen Tröpfchen des Waldbachs kitzeln ihr über den Rücken und reinigen ihre Haut vom trockenen Schlamm.

Den Igelball wieder zur Hand nehmen und über den Rücken massieren.

Dann geht Eika Eidechse lange weiter, tipp-tapp immer durch die Laubschicht des Waldbodens hindurch. Dort trifft sie den Hirschkäfer, die Waldameise, den Regenwurm und den Tausendfüßler.

Den Igelball zur Seite legen, die Hände zu Fäusten ballen und mit den Fingerknöcheln vorsichtig über den Rücken massieren.

Als sie am anderen Ende des Waldes angekommen ist, wird der Himmel ganz dunkel und die Wolken ziehen sich zusammen. Plötzlich beginnt ein starker Wind und die ersten Regentropfen fallen auf ihren Rücken. „Jetzt aber schnell!“, denkt Eika und läuft schnellen Schrittes zu ihrer Tante. Als sie bei ihr ankommt und an ihrer Tür hinter dem großen Pilz steht, stürmt es schon richtig und der Regen prasselt auf sie ein. Schnell klopft sie an die Tür und ihre Tante Eitu öffnet ihr. „Guten Tag, Eika“, sagt ihre Tante. „Du bist ja ganz nass und außer Puste, komm herein und ruh dich erst mal aus.“ Eika schüttelt die vielen Regentropfen von ihrem Körper und legt sich auf das gemütliche Blattsofa ihrer Tante.

Die Fäuste wieder öffnen und mit den Fingern wie Regentropfen über den Rücken des liegenden Kindes tanzen.

„Ach, hier unter deinem Pilz ist es fast so schön wie bei mir zu Hause!“, sagt Eika zu ihrer Tante Eitu und kuschelt sich in die weiche Pusteblumendecke ein. Und schon ist sie eingeschlafen und genießt die Gastfreundschaft ihrer Tante.

Mit den Händen den Rücken ausstreichen.

(Musik anstellen)

Als Eika Eidechse wieder aufwacht, streckt und reckt sie alle Beine und Arme, schüttelt sich aus und setzt sich auf. „Wie spät ist es eigentlich?“, fragt sie ihre Tante – „Schon sehr spät“, antwortet die. „Du kannst gerne bei mir bleiben und erst morgen wieder durch den Wald nach Hause gehen.“

Das liegende Kind streckt Arme und Beine und setzt sich auf die Turnmatte oder die Decke. Einige Zeit miteinander sitzen bleiben und mit Körper, Geist und Seele wieder „zurückkommen“.

EINE MASSAGEGESCHICHTE MIT IGELBÄLLEN

Der kleine Igelball erlebt ein Abenteuer

Lange hatte der kleine Igelball Angst, aus der Schublade genommen zu werden. Aber eines Tages erlebt er ein großes Abenteuer. Bestimmt haben die Kinder Lust, das Abenteuer zu teilen?

VON MICHAELA LAMBRECHT

© thingamajiggs/fotolia.de

Lesen Sie den Kindern zuerst die Geschichte des kleinen Igelballs vor und sprechen Sie gemeinsam darüber. Zeigen Sie den Kindern, wie die Geschichte auf dem Rücken gespielt werden könnte. Lassen Sie die Kinder die Geschichte dann selbst ausprobieren. Dazu finden sich die Kinder zu Paaren zusammen und spielen die Geschichte gegenseitig durch: Immer ein Kind legt sich dazu auf eine bereitgelegte Matratze, das andere Kind massiert entsprechend der Geschichte.

ALTER

ab 3 Jahren

MATERIAL

- Für 2 Kinder je 1 Igelball und 1 Matratze

© OlgaMiltsova/GettyImages

MASSAGEGESCHICHTE

Es war einmal ein kleiner Igelball. Der lebte mit seiner Familie in einem Kindergarten. Sie hatten ein gemütliches Zuhause im Materialschrank der Tigergruppe. Die Kinder liebten sie und spielten oft mit ihnen. Nur der kleine Igelball traute sich noch nicht, alleine aus dem Schrank genommen zu werden. Er versteckte sich immer hinter seinen Geschwistern.

Doch eines Tages entdeckte ihn ein Mädchen namens Lena und nahm ihn zum Spielen heraus. Der kleine Igelball war ganz aufgeregt. Er lief vorsichtig den Körper von Lena entlang.

Zuerst an den Armen.

Die Kinder dürfen nacheinander mit dem Igelball die Arme hinauf- und hinunterfahren.

Vorsichtig probierte er auch ein paar Drehungen aus.

Jetzt mit kreisenden Bewegungen die Arme entlangfahren.

Er wurde mutiger und hüpfte jetzt zu den Beinen. Er probierte aus, wie es ist, die Beine von Lena hinauf- und hinabzuhüpfen.

Die Kinder dürfen Hüpfbewegungen mit dem Igelball auf den Beinen nachspielen.

Das machte richtig Spaß! Nachdem er schon etwas müde geworden war, rollte er sich ganz langsam von Lenas Beinen auf ihren Rücken. War da viel Platz! Zuerst rollte er ganz große Kreise auf ihrem Rücken.

Die Kinder dürfen mit dem Igelball einen großen Kreis rollen.

Dann lief er im Slalom von oben nach unten, den ganzen Rücken entlang und wieder zurück.

Im Slalom den Igelball von oben nach unten bewegen.

Zum Schluss hüpfte er noch gut gelaunt querfeldein über den Rücken. Das machte dem kleinen Igelball einen Riesenspaß.

Den Igelball über den Rücken hüpfen lassen.

Und von diesem Tag an hatte der Igelball keine Angst mehr vor den Kindern und freute sich immer, wenn sie mit ihm spielten.

EINE ENTSPANNUNGSGESCHICHTE ZUM ANFÜHLEN

Eine Sandburg am Strand

Strandfeeling kommt bei dieser Entspannungsgeschichte auf. Ganz besonders attraktiv ist diese Idee, weil die Kinder Sand und Muscheln auch in echt befühlen dürfen. Den Sand durch die Finger rieseln zu lassen: Allein das ist schon ein wunderbares Wohlfühl-Erlebnis.

VON MICHAELA LAMBRECHT

VORBEREITUNG

Lüften Sie den Raum, legen Sie die Matten sternförmig aus. In die Mitte stellen Sie die Schale mit dem Sand und den Muscheln. Sorgen Sie für ein gemütliches Licht. Absolute Dunkelheit kann Ängste bei den Kindern auslösen, darum sollte immer ein bisschen Licht vorhanden sein, damit die Kinder sich im Raum orientieren können.

DURCHFÜHRUNG

Spielen Sie leise die Entspannungsmusik. Die Kinder dürfen den Sand und die Muscheln befühlen und in Ruhe untersuchen. Nach und nach sucht sich dann jedes Kind seine Matratze aus und legt sich gemütlich zurecht. Dann stellen Sie die Musik aus oder ganz leise und beginnen mit der Geschichte.

ALTER

ab 4 Jahren

MATERIAL

- **Für jedes Kind 1 Matte oder Matratze**
- **CD-Spieler mit Entspannungsmusik**
- **1 Schale mit Sand und Muscheln**

ENTSPANNUNGSGESCHICHTE

Stell dir vor, du bist mit deiner Familie am Meer. Dort gibt es einen wunderschönen Strand.

Gemeinsam macht ihr einen Spaziergang am Strand. Du gehst ganz langsam und immer wieder bückst du dich, um Muscheln zu sammeln. Es gibt ganz viele verschiedene Muscheln, aber sie sind alle wunderschön. Nach einiger Zeit macht ihr eine kleine Pause und setzt euch in den Sand.

Ihr baut zusammen eine wunderschöne Sandburg. Du schmückst sie mit den Muscheln, die du gesammelt hast. Schön sieht sie aus, deine Burg.

Jetzt ist euch richtig warm geworden. Ihr lauft zum Meer und kühlt euch ab. Das erfrischt!

Als ihr weitergeht, macht ihr mit euren Füßen Spuren im Sand. Das macht Spaß! Wer hat die größten Füße? Jetzt ist euer Spaziergang am Strand auch schon wieder zu Ende.

Es hat Spaß gemacht! Morgen macht ihr wieder einen Spaziergang am Strand und besucht eure schöne Sandburg.

© Getty Images/Thinkstock

© dk1234/Thinkstock

Sie können eine große Folie im Raum auslegen und mit Sand bestreuen, über die die Kinder dann spazieren können.

© Darrell Gulin/GettyImages

Zusatz-Tipp

Zum Abschluss darf sich jedes Kind eine Muschel als Erinnerung mitnehmen.

KINDER-YOGA MIT SCHILDKRÖTE UND HAHN

Tierisches Yoga

Yoga kann viel mehr, als einfach nur die Muskeln und Sehnen zu dehnen oder die Faszien zu stärken. Yoga hat neben seinen körperlichen Effekten immer auch einen Nutzen für die Seele und den Geist. Hier lernen Sie sechs Yoga-Übungen (oder Asanas) kennen, die für Kindergartenkinder etwas vereinfacht sind. Machen Sie auch selbst mit und erfahren Sie die Zauberkraft des Yoga auch mit dem eigenen Körper.

VON MICHAELA LAMBRECHT

VORBEREITUNG

Bevor Sie starten, stellen Sie sicher, dass die Kinder bequeme Kleidung (keine Schuhe, keine eng sitzende Kleidung) oder Sportkleidung tragen. Schmuck sollte vor dem Yoga abgelegt werden. Schaffen Sie eine gemütliche Atmosphäre, die zum Yoga passt: Vielleicht spielen Sie zunächst etwas Yoga-Musik ein oder Sie zünden ein Räucherstäbchen an. Was auch immer Ihnen einfällt: Sie sollten es sich und den Kindern erlauben, für die Dauer der Yoga-Einheit den Alltag einmal verlassen zu können. Für die Schildkrötenübung spannen Sie eine Leine oder Seil zwischen zwei Stühle.

ALTER

ab 3 Jahren

MATERIAL

- Für jedes Kind 1 Matte
- 1 Softspielwürfel für jedes Kind (ersatzweise 1 kleines Kissen)
- 1 Seil oder 1 Wäscheleine
- Bei Bedarf: Yoga-Musik oder ein Räucherstäbchen

ÜBUNG 1

Die Katze macht einen Buckel

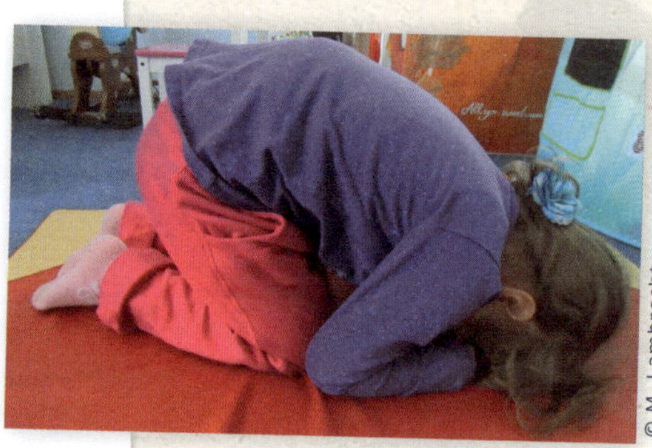
© M. Lambrecht

Alle sind im Vierfüßlerstand auf der Matte. Wir spielen, dass die Katze einen Katzenbuckel macht. Wissen die Kinder, wie das aussieht? Zuerst den Rücken nach oben rund durchbiegen und den Kopf nach unten nehmen. Danach den Rücken in die entgegengesetzte Richtung nach unten biegen (ganz leicht ins Hohlkreuz gehen).
Für Fortgeschrittene: Beim Buckelmachen ein- und beim Hohlkreuzmachen ausatmen und die Übung vorsichtig und sanft im Atem-Rhythmus ausführen.
5-mal wiederholen.

ÜBUNG 2

Der Käfer braucht Hilfe

Die Kinder kriechen auf allen vieren und lassen sich dann sanft auf den Rücken rollen. Arme und Beine anheben und mit allen vieren in der Luft sanft strampeln.
5-mal wiederholen.

ÜBUNG 3

Die Schildkröte trägt ihren Panzer

Die Kinder kriechen auf allen vieren und tragen wie die Schildkröten auf dem Rücken ihr Haus. Das Haus ist ein Softspielwürfel. Die Schildkröte kann nur ganz langsam kriechen. Wer schafft es, sogar über ein kleines Hindernis oder unter einem Seil hindurchzukriechen?

ÜBUNG 4

Der Storch wandert im Sumpf

© M. Lambrecht

Abwechselnd wird zuerst das linke Bein hochgezogen und dann ausgestreckt und dann das rechte.
5-mal wiederholen.

ÜBUNG 5

Der Hahn steht auf den Krallenspitzen

Alle Kinder stehen, die Arme werden zur Seite gestreckt. Jetzt dürfen die Kinder versuchen, sich auf Zehenspitzen zu stellen und so lange auf den Zehenspitzen zu bleiben, bis sie bis 5 gezählt haben.
Für Fortgeschrittene: Kinder, die gut das Gleichgewicht halten können, stellen sich so breitbeinig auf, dass Arme und Beine ein X bilden, und gehen in dieser Haltung auf die Zehenspitzen. Auch für Erwachsene gar nicht einfach. Achten Sie darauf, dass die Kinder und Sie selbst ruhig weiteratmen und nicht die Luft anhalten.
5-mal wiederholen.

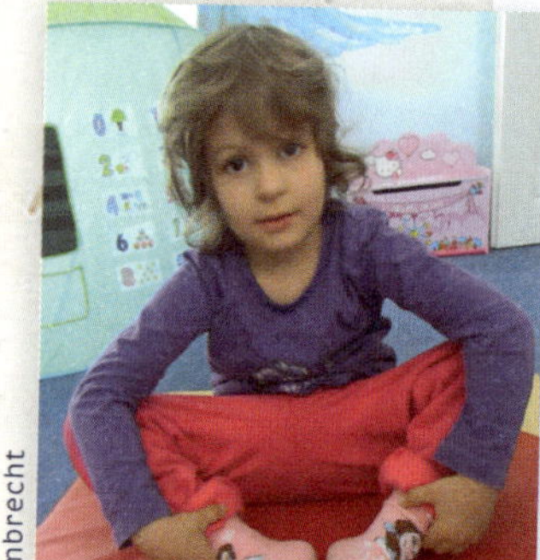
© M. Lambrecht

ÜBUNG 6

Schmetterling flattert mit den Flügeln

Alle sitzen mit gestreckten Beinen am Boden. Jetzt werden die Beine zum Körper gezogen, sodass die Knie nach außen zeigen und sich die Fußsohlen berühren. Die Finger halten die Zehen. Die Knie ganz sanft und ruhig nach oben und unten bewegen, damit der Schmetterling fliegen kann.
5-mal wiederholen.

EINE STILLE-ÜBUNG IM HERBST

Stell dir vor, du wärst ein Blatt!

Es ist Spätsommer oder Herbst und die Blätter rieseln von den Bäumen? Die perfekte Zeit für diese kleine Stille-Übung mit Herbstblättern, die auch zwischendurch schnell durchgeführt werden kann und ganz spielerisch von der Unruhe in die Ruhe führt.

VON MICHAELA LAMBRECHT

© Nikada/GettyImages

VORBEREITUNG

Nach Möglichkeit und Jahreszeit sammeln Sie draußen in der Natur mit den Kindern einige schöne Blätter. Wenn Sie kein Laub finden sollten, können Sie aus buntem Papier Blätter in verschiedenen Formen ausschneiden. Die Blätter sammeln Sie in einem Korb.

DURCHFÜHRUNG

Verteilen Sie die Kissen im Raum. Die Kinder suchen sich still ein Kissen aus und machen es sich darauf gemütlich. Wenn alle Kinder sitzen, schlagen Sie die Klangschale. Gemeinsam betrachten Sie jetzt die Blätter. Wie sehen sie aus? Welche Farbe haben sie, welche Form? Die Kinder dürfen die Blätter befühlen. Die Blätter dürfen fallengelassen werden, die Kinder beobachten sie während des Fallens.

ALTER

ab 3 Jahren

MATERIAL

- Für jedes Kind 1 Kissen
- Verschiedene Blätter in 1 Korb
- 1 Klangschale

© ArtMarie/GettyImages

Jetzt schließen alle Kinder die Augen. Sie dürfen sich vorstellen, sie wären ein Blatt. Welches Blatt möchten sie sein: ein großes oder ein kleines? Ein grünes oder ein buntes?
Die Kinder stellen sich jetzt vor, dass ein Windstoß das Blatt vom Baum weht. Das Blatt dreht und wendet sich mehrmals, bis es sanft auf dem Boden landet.
Die Kinder dürfen die Augen wieder öffnen und das Fallen des Blattes nachspielen, indem sie die Hände nach oben strecken und dann langsam auf den Boden herabsinken lassen. Die Kinder können jetzt frei experimentieren und sich selbst ausdenken, wie sie als Blatt zu Boden schweben. Ziel ist, dass die Kinder ganz in ihrer Vorstellungskraft ankommen und beim Ausführen ihrer Bewegungen in die Ruhe kommen.

Zur Beendigung der kleinen Meditation schlagen Sie wieder die Klangschale an.

WER LEBT IM UND AUF DEM BLATT?

Klar, Blätter werden von vielen Tieren verspeist. Raupen lassen sich das saftige Grün schmecken, aber auch Rehe und Hirsche knabbern an zarten Blättchen. Ein einziges Blatt ist aber auch Lebensraum für viele winzige Tierchen.

Der Haselblattroller, ein kleiner, rötlicher Käfer, nagt beispielsweise ein Loch in Haselblätter. Ein cleverer Bastelschachzug, denn durch das Loch welkt das Blatt und der Käfer kann es mit seinen Beinchen zu einer Rolle formen. In die Blattrolle legt das Käferweibchen seine Eier. Dort, gut geschützt von der Blatthülle, entwickeln sich aus den Eiern die Larven und später neue Käfer. Man kann eingewickelte Larven leicht finden: Die Blattwickel hängen oft senkrecht an Bäumen oder an Kellerwänden oder Geländern.

© Tomasz Klejdysz/GettyImages

Blattminierer wie die Rosskastanienminiermotte leben ebenfalls vom Blatt. Die Larven dieser Motten fressen Gänge, genannt Minen, in die Blätter. Auch diese Gänge kann man häufig entdecken. Gallwespen legen ihre Eier in kugelförmige Gebilde, die wie Pickel vom Blatt abstehen. Auch viele Pilze, Flechten und Moose wohnen und wachsen auf und an Blättern und auch Blattläuse tummeln sich auf Blättern und ernähren sich vom Blattsaft.
Auf diese Weise ist ein kleines Blatt nicht einfach nur ein Blatt, sondern es ist der Lebensraum vieler Tiere und Pflanzen.

KLANGWERKSTATT

EIN HÖR-MEMO-SPIEL AUS STREICHHOLZSCHACHTELN

Klingt das gleich?

Das Memo-Spiel kennt fast jedes Kind und die meisten sind sehr geschickt darin, viele gleiche Bildkarten zu finden. Wie aber ist es, wenn man statt hinzusehen genau hinhören muss? Ein Hör-Memo-Spiel schult neben der Konzentration auch die auditive Wahrnehmung. Die Kinder lernen leise, feine Klänge zu unterscheiden und wiederzuerkennen. Gleichzeitig sorgt dieses Spiel auch für etwas mehr Ruhe in der Gruppe.

VON THERESA STENNER

ALTER

ab 3 Jahren

MATERIAL

- Mindestens 10 gleiche Streichholzschachteln (alternativ: Filmdöschen, kleine undurchsichtige Fläschchen), alles in gerader Anzahl
- Verschiedenes Füllmaterial wie Mais- und Reiskörner, Erbsen, Linsen, Getreidekörner, Sand, Schraubenmuttern, etwa gleich große Kieselsteine, Zucker, Mehl, Münzen, kleine Nägel, Erde, Perlen, Büroklammern, Muggelsteine, kleine Glöckchen
- 1 Küchenwaage oder Briefwaage
- Mehrere Schälchen
- 1 Kiste oder Korb zum Aufbewahren des Spiels

VORBEREITUNG

Legen Sie alle Materialien auf dem Basteltisch bereit. Die Füllmaterialien mit allem, was Ihnen und den Kindern noch einfällt, verteilen Sie auf Schälchen. Die einzige Voraussetzung ist, dass sie in die Behälter passen.

DURCHFÜHRUNG

Jedes Kind darf mindestens ein Schachtelpaar herstellen. Dabei sollten die Inhalte von jedem Kind anders sein, damit es keine doppelten Paare gibt. Dazu sprechen sich die Kinder ab, wer welches

→

Füllmaterial verwendet. Anschließend werden die Schachteln gefüllt. Damit es gleich klingt, muss in jede Schachtel eines Paares auch exakt dieselbe Menge. Dafür werden die Gegenstände abgezählt oder gewogen. Hierbei benötigen die Kinder eventuell Ihre Unterstützung. Sind alle Schachteln gefüllt, werden sie vorsichtig gemischt und schon kann das Spiel losgehen.

Lauschen wie ein Luchs: Welches Geräusch macht deine Schachtel?

© Focus_on_Nature/GettyImages

SPIELANLEITUNG

Das Spiel funktioniert genau wie das mit Bildkarten. Die Schachteln werden auf dem Tisch oder Boden verteilt. Nacheinander suchen sich die Kinder zwei Schachteln aus und schütteln sie. Dabei hören sie genau hin und vergleichen das Geräusch. Meint ein Kind, ein Paar gefunden zu haben, überprüft es das, indem es die Schachteln öffnet und nachsieht, ob die Inhalte gleich sind. Liegt es richtig, darf es das Paar behalten (und kommt eventuell noch mal dran, das wird voher festgelegt). War die Vermutung falsch, werden die Schachteln zurückgelegt. So geht es reihum, bis alle Schachteln vom Tisch sind.

Noch mehr Ideen

Außer zum Spielen können die Schachteln auch wunderbar als Rasseln zum Musikmachen verwendet werden.

© Olly-Molly/Thinkstock

EINE TRAMPEL- ODER KLANGGESCHICHTE FÜR 1000 FÜSSE

Tausendfuß, der Tausendfüßer

Wie hört es sich eigentlich an, wenn ein Tausendfüßer rennt? Oder ein Hundertfüßer? In dieser Reimgeschichte kommen beide zur Ruhe und gönnen ihren vielen kleinen Füßen eine kleine Pause. Sie können die Geschichte mit den Kindern mit den eigenen Füßen als Lärminstrument oder mit Klanginstrumenten nachstellen.

VON TINA SCHERER

Falls Sie Klanginstrumente verwenden, lassen Sie die Kinder bestimmen, welche Klanginstrumente der Tausend- und welche der Hundertfüßer bekommt. Die Kinder suchen sich ein Tier mit passendem Instrument aus. Falls Sie mit den Füßen trampeln, setzen Sie sich am besten in einen lockeren Stuhlkreis.

ALTER

ab 3 Jahren

MATERIAL

- Nach Wunsch: Klanginstrumente für den Tausendfüßer, etwa Holzblock oder Klangstäbe, und Klanginstrumente für den Hundertfüßer, etwa Gong, Glöckchen oder Triangeln

TAUSENDFUSS, DER TAUSENDFÜSSER

Tausend Füße trampeln leise,
wer geht denn bloß auf diese Weise?
(Trampeln und/oder die Tausendfüßer-Instrumente leise spielen)

Tausendfuß, der Tausendfüßer!
Der Lärm wird größer, immer größer.
(Immer lauter spielen oder trampeln)

→

Stopp, mach Halt, Herr Tausendfuß!
Hast du auf eine Pause Lust?
(Stille)

Ruh dich aus, hör auf zu trampeln,
nicht mit tausend Füßen strampeln.
(Stille)

Doch was ist das, hört nur mal hin,
ein kleines Füßchen: klingeling?
(Trampeln und/oder Instrumente
für den Hundertfüßer spielen)

Und noch ein Füßchen kommt dazu?
Wer stört da die schöne Ruh?
(Lauter spielen oder trampeln)

Noch mehr Füßchen, kling und klang,
kommen jetzt noch bei uns an.
(Sehr laut spielen oder trampeln)

Hundertfuß, der Hundertfüßer!
Der Lärm wird größer, immer größer.
(Richtig laut werden)

Stopp, mach Halt, Herr Hundertfuß,
weil jeder einmal ruhen muss.
(Stille)

Leg dich hin und komm zur Ruh,
mach deine kleinen Augen zu.
(Stille)

Hundert Füßchen halten still,
weil kein Füßchen mehr laufen will.
(Diese letzten beiden Zeilen nur noch flüstern)

Musiktipps für Meditationen

VON HEIKE KÖNIG

Entspannungsgeschichten mit Entspannungsmusik für Kinder

Verlag für Therapeutische Medien, Arnd Stein, etwa:
- **Die Wunschinsel**
- **Der geheimnisvolle Planet**
- **Im Zauberschloss**
- **Sternenreise**
- **Traumland**

Detlef Jöcker
- **Endlich schlafen**

Ralf Kiwit
- **Traumstunden für Kinder**

Außerdem
- **Tibetische, schamanische, keltische, irische Meditationsmusik und Naturgeräusche-CDs**
- **Musik mit Klangschalen, Harfe oder Panflöte**

TAUSENDFÜSSER

Kein Tausendfüßer der Welt hat wirklich 1000 Füße, sondern in der Regel bringen es diese Gliedertiere gerade mal auf 200 bis 300 Füße. Die Vielfüßer leben überall auf der Welt und werden je nach Lebensraum zwischen wenigen Millimetern oder Zentimetern (bei uns in Mitteleuropa), aber sogar bis zu 30 cm lang (in den Tropen und Subtropen). Die bei uns lebenden Arten ernähren sich von Pflanzenresten. Finden können Sie Tausendfüßer unter altem (morschem) Holz, unter Steinen und in Komposthaufen.

HUNDERTFÜSSER

Hundertfüßer werden in der Biologie zu den Tausendfüßern gezählt. Bei uns in Mitteleuropa kommt der Gemeine Steinläufer vor. Auch in Ihrem Kita-Garten könnten Sie ihn unter Totholz, Borke oder Steinen finden. Hundertfüßer sollten Sie und die Kinder niemals berühren, denn alle Arten sind aggressiv, sehr schnell und wendig und können zudem schmerzhaft beißen.

EINE RASSELGESCHICHTE, UM STILLE ZU ERFAHREN

Schlangenschlaf

Bei dieser Geschichte führen Sie die Kinder von der Unruhe und dem Rassellärm zunehmend in die Stille. Der Trick dabei: Am Anfang rasseln alle laut und durcheinander, dann wird das Rasseln leiser und zum Schluss werden immer mehr Kinder ruhig, bis am Ende alle Schlangen schlafen. Eine kleine, schnelle Klanggeschichte für große und kleine Gruppen.

VON TINA SCHERER

VORBEREITUNG

Die Kinder machen sich mit den Klanginstrumenten bekannt, indem sie ausprobieren, wie sie schnell und langsam, laut und leise spielen können. Wissen die Kinder, wie Klapperschlangen rasseln und zischen? Können Sie es vormachen? Die Kinder können die Reim-Klanggeschichte sowohl mit den Instrumenten als auch mit der eigenen Stimme (Zischen) begleiten.

ALTER

ab 3 Jahren

MATERIAL

- Für jedes Kind 1 Rassel (ersatzweise Schellenband oder Schellenkranz oder Klapper)

SCHLANGENSCHLAF

In einer Wüste, ganz am Rande
lebt eine Klapperschlangenbande.
(Ganz leise rasseln, zischen oder klappern)

Wenn es heiß ist, so wie heute,
klappern große und kleine Leute.
(Lauter rasseln und zischen)

Was für ein Treiben, was für ein Lärm!
So haben es Klapperschlangen gern.
(Ganz laut zischen und rasseln)

Doch wenn die Nacht kommt, wird es kalt,
die Schlangen rasseln leiser bald.
(Etwas leiser rasseln)

Und leiser, immer leiser jetzt
werden die Schlangen in ihrem Nest.
(Flüstern Sie den Text, anstatt zu sprechen,
legen Sie den Finger an die Lippen, die Kinder
rasseln und zischen nur noch ganz leise)

Die ersten Schlangen hören auf,
schlummern auf dem Schlangenbauch.
(Die Kinder, die Sie kurz am Arm berühren,
hören mit den Geräuschen auf)

Noch mehr Schlangen schlummern ein,
lassen das Rasseln und Zischen sein.
(Sie berühren die restlichen Kinder
nach und nach, bis alle Kinder aufhören)

Und schließlich zieht die Ruhe ein,
es schlafen die Schlangen, groß und klein.
(Sie flüstern den Text, gemeinsam lauschen Sie
dann in die nun ganz eindrücklich wirkende Stille)

KLAPPERSCHLANGEN

Womit klappern Klapperschlangen? Die ausschließlich in Amerika vorkommenden Schlangen haben am Ende eine Rassel, die aus Hornringen besteht. Gerasselt wird vor allem als Warnsignal. Die eigentlich eher scheuen Schlangen verstecken sich meist unter Steinen. Aber wenn Fressfeinde wie Kojote, Fuchs oder auch Hund und Katze die Klapperschlange aufstöbern, dann rasselt sie als Warnung. Auch vor Huftieren muss sich die Schlange in Acht nehmen, denn Büffel könnten den Schlangekörper sehr leicht zertreten. Auch hier hilft das Rasseln als Warnsignal.

Klapperschlangen kommen in vielen Unterarten vor und werden zwischen 50 cm und 2 m lang. Da das Rasseln so effektiv abschreckt, haben sich einige andere Tiere abgeguckt, wie man den Laut nachstellen kann. Der Kaninchenkauz und die Kletternatter beispielsweise täuschen durch das nachgemachte Gerassel vor, sie wären eine giftige Klapperschlange und halten sich so Fressfeinde vom Hals. Giftig sind die Klapperschlangen wirklich. Allerdings geht in Nordamerika die Zahl der Klapperschlangen immer weiter zurück. Im Fall eines Bisses haben die Menschen in Amerika oft direkt das passende Gegengift zur Hand. Tödlich giftig wären bei mangelnder medizinischer Versorgung aber auch nur 2 von 29 Klapperschlangenarten.

FORSCHERLABOR

ZEICHNEN MIT LICHT UND SCHATTEN

Schattenporträts

Der Gruppenraum ist in schwarze Dunkelheit gehüllt. Alle Kinder warten gespannt. Da leuchtet plötzlich eine Taschenlampe auf und malt einen großen Schatten auf ein weißes Tuch. Es ist der Schatten eines Gesichtes. Wie funktioniert das, kann ich das auch?

VON THERESA STENNER

Mit den Kindern Schattenporträts zu zeichnen, ist ein ideales Angebot für verregnete Herbsttage. Dabei üben die Kinder die Interaktion mit einem anderen Kind, schulen ihre Konzentration und die Feinmotorik. Mit sehr wenig Aufwand erforschen die Kinder gegenseitig ihre Schattenprofile, zeichnen sie nach und gestalten sie kreativ weiter. Dabei sorgt das Dämmerlicht im Raum für eine ruhige und besondere Atmosphäre.

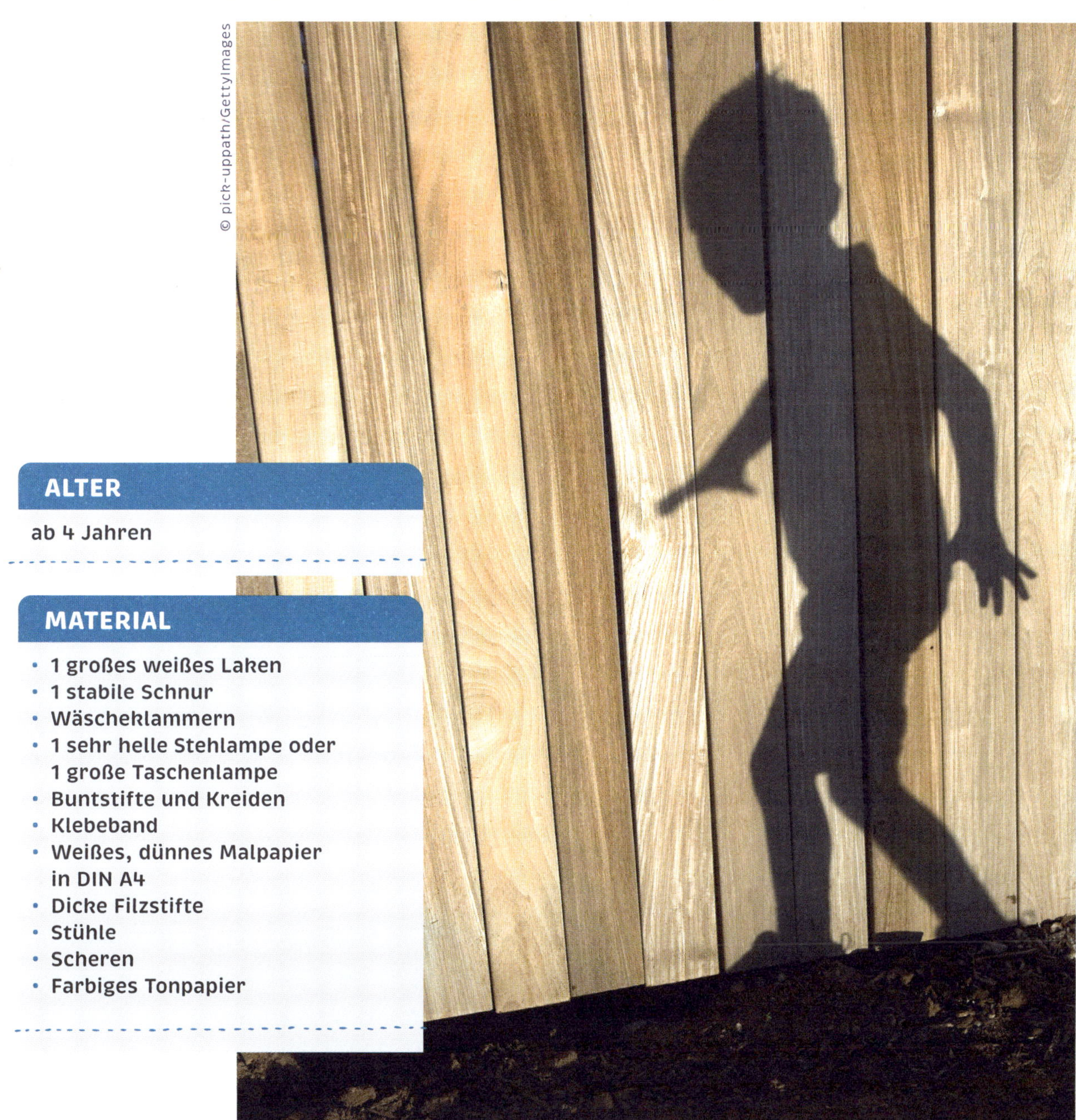

ALTER

ab 4 Jahren

MATERIAL

- 1 großes weißes Laken
- 1 stabile Schnur
- Wäscheklammern
- 1 sehr helle Stehlampe oder 1 große Taschenlampe
- Buntstifte und Kreiden
- Klebeband
- Weißes, dünnes Malpapier in DIN A4
- Dicke Filzstifte
- Stühle
- Scheren
- Farbiges Tonpapier

VORBEREITUNG

Spannen Sie im Gruppenraum eine Schnur und befestigen Sie daran mithilfe von Wäscheklammern ein großes weißes Laken. Vor und hinter das Laken werden Stühle gestellt sowie auf eine Seite eine Stehlampe. Dunkeln Sie den gesamten Raum ab.

© freemixer/GettyImages

DURCHFÜHRUNG

Zur Einstimmung sitzen die Kinder vor dem Laken auf Stühlen oder dem Boden. Der Raum ist dunkel. Sie schleichen sich hinter das Laken und beleuchten ihren Oberkörper mit der Stehlampe oder einer Taschenlampe. Winken Sie den Kindern und fragen Sie sie, was sie sehen. Dann schlüpfen Sie hinter dem Laken hervor und erzählen den Kindern das gemeinsame Vorhaben.

Für die Schattenporträts werden die Kinder in Paare aufgeteilt. Jeweils ein Kind setzt sich hinter das Laken auf einen Stuhl und wird so von der Stehlampe beleuchtet, dass es seinen Schatten auf das weiße Tuch wirft. Es dreht den Kopf so, dass sein Schattenprofil gut erkennbar ist. Das Partnerkind befestigt auf der anderen Seite mithilfe von Klebeband ein Papier auf Höhe des Kopfes. Der Schatten des sitzenden Kindes zeichnet sich nun auch auf dem Papier ab und wird mit einem Filzstift nachgezogen. Das erfordert Konzentration und eine ruhige Hand. Die übrigen Kinder verhalten sich ruhig und schauen zu. Anschließend tauschen die beiden Kinder. Danach kommt ein anderes Paar dran.

© Kunlathida Petchuen/GettyImages

Alternativ können sich die Kinder auch mit einer Taschenlampe beleuchten, falls Sie keine Stehlampe zur Verfügung haben. So benötigt jedes Paar noch ein drittes Kind als „Beleuchter:in".

Wenn alle Kinder an der Reihe waren, versammeln sie sich am Maltisch. Sie schalten das Licht im Raum wieder ein. Nun können die Kinder ihre Schattenporträts bestaunen und sich gegenseitig zeigen.

ZUSATZ-TIPP

Schatten sind spannend:
In den Kopiervorlagen finden Sie eine Rätselseite für die Kinder, bei der es ebenfalls um Schatten geht.

Noch mehr Ideen

Zur Weitergestaltung bemalen die Kinder ihr Porträt mit Kreiden oder Buntstiften ganz nach ihren eigenen Wünschen. Danach wird es ausgeschnitten und auf ein farbiges Tonpapier geklebt. Die fertigen Porträts können Sie an den Wänden aufhängen oder in das Portfolio der Kinder heften.

EINE SPIELIDEE, UM AUS LAUT LEISE ZU MACHEN

Leisespiel für Lautstärkeforscher:innen

Kennen Sie das? In der Gruppe ist es so laut, dass man kaum sein eigenes Wort verstehen kann. Die Energie der Kinder scheint keine Grenzen zu kennen und äußert sich in Lautstärke. Dann ist es Zeit für das Leisespiel: Mit diesem Spiel machen Sie den Kindern die eigene Lautstärke bewusst.

VON MARION BISCHOFF

Laden Sie die Kinder ein, sich im Stuhlkreis zu versammeln. Bitten Sie sie, auf Ihr Kommando hin, so laut zu schreien wie sie können und zwar so lange, bis Sie das ausgemachte Zeichen andeuten. Dann werden alle leise und beginnen das Leisespiel.

Nach dem Schreien sind alle mucksmäuschenstill. Man darf keinen Ton hören. Auch Kichern ist nicht erlaubt. Ein Kind steht auf und dreht eine Runde im Kreis, ehe es zum nächsten Kind hingeht, dieses wortlos per Handschlag begrüßt und ihm zunickt. Das so begrüßte Kind steht von seinem Stuhl auf, das erste nimmt an dieser Stelle Platz. Das zweite Kind dreht seine Runde, geht zum nächsten, … Spielen Sie dieses Spiel weiter, bis

→

ALTER

ab 3 Jahren

jedes Kind einmal begrüßt wurde und begrüßen durfte. Fragen Sie die Kinder hinterher, wie es sich angefühlt hat, laut und leise so direkt zu spüren. Sprechen Sie über die Gefühle, die dabei entstanden sind.

© Jose Luis Pelaez Inc/GettyImages

Zusatz-Tipp

Sie können das Spiel auch in umgekehrter Reihenfolge beginnen. Zuerst sind alle ganz leise und danach darf geschrien werden.

Maria Montessori und die Ruhe

Ein kurzer Blick auf die Rolle der Stille in der Montessori-Pädagogik

VON HEIKE KÖNIG

„... und diese Stille war eine Offenbarung. Ich hätte doch nicht gedacht, dass diese kleinen Kinder diese geheimnisvolle Sache, welche die Stille ist, derart lieben würden."
Maria Montessori, 1870–1952, Ärztin und Pädagogin

© Userba011d64_201/GettyImages

Der Umgang mit Stille war ein fester Bestandteil ihrer Pädagogik: Maria Montessori, die berühmte Pädagogin, Reformerin und Medizinerin, beschreibt die Stille als positive Eroberung, die durch Erkenntnis und Übung erreicht werden soll. *„Diese Eroberung der Stille wollen wir den Kindern und Jugendlichen durch regelmäßige Stille-Übungen am Morgen ermöglichen. Ein Ritual, das Kinder brauchen."*

Maria Montessoris Pädagogik war immer mit dem Blick auf das Kind, den „Baumeister des Menschen", gerichtet und hat dessen „inneren Bauplan" mit Achtsamkeit respektiert. Sie hat den Begriff der „sensiblen Phase" geprägt – Phasen der größten Empfänglichkeit und Interessen der Kinder, in denen ihre „Fenster weit offen stehen" und dadurch auf natürliche Weise ihre Fähigkeiten entfaltet und gestärkt werden.

Sie beobachtete höchste Konzentration und Ruhe, wenn sich Kinder mit ihrem eigenen innersten Interesse einer Sache zuwenden und hingeben konnten. Mit dieser Erkenntnis hat Maria Montessori Kindern Zeit, Stille und Ruhe für ihr Selbststudium mit Tiefgang geschenkt und ihnen die Kraft gegeben, Dinge selbst zu tun. Ihre pädagogischen Materialien haben sich an der Entwicklung der kindlichen Sinne orientiert und waren stets ein „Schlüssel zur Welt", der Kinder in ihrem ureigenen Lerntempo die Türen der Welt öffnete.

Und auch heute sind Stille und Ruhe, sich seinen Interessen hingeben zu können, die Zeit zu vergessen beim Forschen und Experimentieren und das In-sich-Kehren und Aha-Erlebnisse-Erfahren die besten Lehrmeister.

WIE SIE (EINEN) RAUM FÜR DIE RUHE SCHAFFEN

Ruhe und Entspannung suchen

Immer mehr Kindern (und auch Erwachsenen) fällt es schwer, die vielen Reize der Außenwelt zu verarbeiten. Unruhe, mangelnde Konzentration und psychosomatische Erkrankungen sind nur einige Symptome. Darauf wird meist mit vielfältigen Bewegungsangeboten reagiert, die unruhigen Geistern einen Ausgleich verschaffen. Mindestens genauso wichtig sind jedoch gerade für diese Kinder geeignete Rückzugsmöglichkeiten, wo sie, abgeschirmt vom Lärm und Stress des Alltags, eine Auszeit nehmen können. Hier erhalten Sie Gestaltungsideen und Anregungen, wie Sie je nach räumlicher Situation der Kita einen kleinen oder großen Ort für die Entspannung einrichten und der Ruhe Raum geben können.

VON THERESA STENNER

© Pyrosky/GettyImages

ALTER

ab 1 Jahr

DER ORT SELBST

Der Ruhe-Ort sollte so gestaltet sein, dass er sich von übrigen Kita-Räumen und dem dortigen Trubel klar abgrenzt, Geräusche abschirmt und den Kindern ein Gefühl von Schutz und Geborgenheit vermittelt. Am besten eignet sich ein kleiner, abgeschiedener Raum, der mit einer Tür verschlossen werden kann. Kahle Wände verhängen Sie mit Tüchern oder Vorhängen. Das reduziert den Hall im Raum und sorgt für Gemütlichkeit. Dann fühlt es sich fast so an, als würden die Kinder in einem Zelt sitzen.

Ist kein eigener Raum vorhanden, können Sie mithilfe von Seilen und Vorhängen auch eine Raumecke abtrennen. Alternativ besorgen oder bauen Sie mit den Kindern ein Zelt, beispielsweise ein Tipi oder eine Höhle aus Tüchern.

MATERIAL

- Angenehme Lichtquellen, beispielsweise dimmbare Lampen, Salzkristalllampen
- Farbige Vorhänge und/oder Tücher
- Kuschelige Decken
- Kissen und Polster
- Sitz- und Liegemöglichkeiten wie Sitzsäcke, Sessel, Liegen oder Matratzen
- Bei Bedarf weicher Teppich
- CD-Spieler mit Entspannungsmusik und Naturklängen

AUSSTATTUNG UND GESTALTUNG DES RUHE-ORTES

Damit die Kinder sich wohlfühlen und entspannen können, muss im Ruhe-Raum eine gemütliche Atmosphäre herrschen. Wichtig ist hierfür ein warmes Licht, das sich dimmen lässt und am besten aus mehreren kleineren Lichtquellen kommt. Hierfür eignen sich Salzkristalllampen, da sie zusätzlich für ein angenehmes Raumklima sorgen, wohingegen Neonröhren und LEDs kaltes und ungemütliches Licht abstrahlen und teilweise nervös machen. Sie können auch mit Lichterketten arbeiten, solange diese nicht zu grell sind.

Farben haben einen direkten Einfluss auf die psychische Verfassung, deshalb sollten die Farben für den Ruhe-Raum sorgfältig gewählt werden. Meiden Sie unbedingt grelle Farbtöne wie leuchtendes Rot oder Orange. Blau und Grün werden zwar eine beruhigende Wirkung nachgesagt, doch können diese Farben schnell kühl wirken. Verwenden Sie am besten natürliche, warme Farben in Pastelltönen, auch ein warmes Lila ist passend.

Auf dem Boden des Ruhe-Raumes befinden sich weiche Teppiche, damit die Kinder sich ohne Hausschuhe dort aufhalten können und keine kalten Füße bekommen. Insgesamt sollte der Raum eher zu warm als zu kalt temperiert sein.

Besonders wichtig sind bequeme Sitz- und Liegemöglichkeiten für die Kinder. Hierfür eignen sich größere Polster und Sitzsäcke, aber auch einzelne Liegen oder Matratzen. Diese werden mit Kissen und Decken ausgestattet, damit die Kinder sich einkuscheln können. Eine Decke wärmt nicht nur, sondern vermittelt auch ein zusätzliches Gefühl von Schutz.

Statten Sie den Raum mit einem CD-Spieler mit guten Lautsprechern aus, auf dem Sie bei Bedarf Naturgeräusche (wie Meeresrauschen oder Bachplätschern) und meditative Musik abspielen können. Die Kinder können damit auch Hörbücher und Klangeschichten anhören.

Ein Korb oder eine Kiste mit kleinen Entspannungshilfen wie Igelbällen, weichen Bürsten, CDs, Bilderbüchern und allem, was die Kinder sonst noch mögen, sollte im Ruhe-Raum stets verfügbar sein.

NUTZUNG DES RUHE-ORTES

Der Ruhe-Ort oder -Raum soll eine stets verfügbare Rückzugsmöglichkeit für die Kinder während des Kita-Alltags sein. Dort dürfen sie hingehen, wenn sie das Bedürfnis nach einer Auszeit haben.

Stellen Sie gemeinsam mit den Kindern sinnvolle Regeln für den Ruhe-Raum auf, beispielsweise:

- Im Ruhe-Raum ist Ruhe, das bedeutet, wir sind leise und lassen uns gegenseitig in Ruhe.
- Der Ruhe-Raum ist nicht zum Toben und Spielen, sondern zum Ausruhen und Entspannen da.
- Spielsachen lassen wir draußen.
- Bevor wir in den Ruhe-Raum gehen, ziehen wir die Schuhe aus und sagen den Erzieher:innen Bescheid.
- Je nach Raumgröße darf sich nur eine bestimmte Anzahl von Kindern gleichzeitig dort aufhalten.

ERZÄHL- UND SPIELBEREICH

EINE MEDITATIONSGESCHICHTE FÜR DIE VORSTELLUNGSKRAFT

Mein Schatzkästchen

Sie werden von grimmigen Drachen bewacht, warten auf dem Meeresgrund auf Entdeckung oder stehen in verlassenen Höhlen im tiefen Dschungel. Die Rede ist von Schatzkisten. Als Katalysator für die kindliche Fantasie eignen sich Schatzkisten hervorragend für eine kleine Fantasiereise oder Meditation.

VON MICHAELA LAMBRECHT

ALTER

ab 4 Jahren

MATERIAL

- Pro Kind 1 Sitzkissen
- 1 kleine Schatzkiste
- Pro Kind 1 Muggelstein
- 1 Tuch

VORBEREITUNG

Legen Sie für jedes Kind einen Muggelstein in die Schatzkiste und stellen Sie diese in die Kreismitte. Verdecken Sie sie mit einem Tuch. Die Sitzkissen legen Sie rund um die Schatzkiste herum aus.

DURCHFÜHRUNG

Die Kinder versammeln sich im Sitzkreis rund um die verdeckte Schatzkiste herum. Können Sie erraten, was sich unter dem Tuch befindet? Jetzt erzählen Sie den Kindern die Meditationsgeschichte.

MEDITATIONSGESCHICHTE

Stellt euch vor, ihr habt Geburtstag und ihr bekommt eine Schatzkiste aus Holz geschenkt. Ihr bekommt noch Glitzersteine zum Aufkleben.
Wie gestaltet ihr euer Schatzkästchen? Welche Farben nehmt ihr? Wie sieht eure Schatzkiste aus, wenn sie fertig ist? Bestimmt ist sie wunderschön geworden. Jetzt habt ihr ein kleines Schatzkästchen nur für euch alleine. Fällt euch schon etwas ein, was ihr reintun wollt?

NACH DER GESCHICHTE

Sprechen Sie gemeinsam mit den Kindern über ihr Schatzkästchen. Wie sieht es aus? Wie stellen sich die Kinder ihre Schatzkiste vor? Decken Sie gemeinsam die echte Schatzkiste unter dem Tuch auf. Wer möchte, darf im Sitzkreis auch verraten, was er in sein Schatzkästchen hineingegeben hat. Zum Abschluss darf sich jedes Kind als Erinnerung an die Geschichte einen Muggelstein aus der großen Schatzkiste nehmen.

Noch mehr Ideen

Die Kinder können auch direkt eigene Schatzkisten gestalten. Hierfür bieten sich beispielsweise Eis- oder Schaumkussverpackungen an, die innen silbern oder golden sind und nur noch von außen bemalt oder beklebt werden müssen. Der Vorteil solcher Verpackungen ist, dass sie sich einfach auf- und zuklappen lassen und Sie kaum Material einkaufen müssen.

Ebenfalls sehr geeignet, da die Form gut passt, sind Eierpackungen (am besten von einem 6er-Pack). Da müssen nur die inneren Trennungen entfernt und der Innenteil mit Stoff ausgestaltet werden. Die Kinder können diese Kästchen auch mit Stoff oder Filz und zusätzlich mit Glitzersteinen oder Knöpfen bekleben.

MITMACHGEDICHT

Fünf Zwerge

Dieses Mitmachgedicht passt zur Meditationsgeschichte von der Schatzkiste. Am Ende des Gedichts finden die Zwerge zwar die Schatzkiste, aber was darin ist, das müssen sich die Kinder selbst ausdenken. Das Mitmachgedicht bietet viel Bewegung und eignet sich, um nach einer Meditation wieder in den Alltag zurückzufinden. Die Kinder können im Anschluss überlegen, was in der Kiste ist und wie die Geschichte weitergehen könnte: ein Schatz, eine Schatzkarte, eine Zwergenkrone, ein Zauberstein …

Fünf Zwerge machen sich auf in den Wald, die Schatzkiste der Feen: Sie finden sie bald.	Aufstehen und die Arme und Beine ausschütteln.
Ganz sicher sind die Zwerge sich, sie fürchten sich nur fürchterlich.	Zittern und schlottern.
Sie wandern durch Schluchten und über Steine, fühlen sich im finsteren Wald alleine.	Auf der Stelle gehen.
Sie springen über Felsen und Äste, machen aus dem Weg das Beste.	Springen auf der Stelle.
Sie rennen durch Gras, Gestrüpp und durch Pfützen, verlieren fast ihre Zwergenmützen.	Auf der Stelle rennen.
Sie stapfen durch Moor und hohes Gras, machen sich dabei die Schuhe nass.	Auf der Stelle die Beine abwechselnd so hoch wie möglich heben.
Sie kriechen hindurch unter Blättern und Zweigen, die tief sich auf die Erde neigen.	Auf dem Boden kriechen.
Sie krabbeln auf allen vieren behände durch glitschiges, rutschiges, glattes Gelände.	Auf dem Boden krabbeln.
Sie rollen hindurch unter Spinnennetzen, wischen sich ab die klebrigen Fetzen.	Auf dem Boden rollen.
Sie schleichen an hungrigen Wölfen vorbei, hier heißt es leise und vorsichtig sein.	Das Schleichen nachmachen und dabei ganz leise sein.
Dann sind sie da, vor der Höhle im Berg, und nun freut sich ein jeder Zwerg.	Abklatschen und sich freuen.
Was in der Kiste ist, wollt ihr fragen? Das können euch nur die fünf Zwerge sagen.	

EINE STILLE-ÜBUNG MIT KERZENLICHT

Kleine Flamme, wunderschön!

Nichts verzaubert einen Raum schneller und nachhaltiger als Kerzenlicht. Kerzenlicht hat eine ganz besondere Wirkung auf uns. Darum sollten Sie den Kindern diese Erfahrung nicht vorenthalten. In dieser kleinen Ruhe- oder Stille-Übung können die Kinder die Winzlingsflamme der Kerze mit dem eigenen Körper nachempfinden und Ruhe, Stille und Wärme genießen.

VON MICHAELA LAMBRECHT

© Radist/Thinkstock

ALTER

ab 4 Jahren

MATERIAL

- Pro Kind 1 Stuhl
- Teelicht in einer Schale
- Feuerzeug oder Streichhölzer
- CD-Spieler mit ruhiger Instrumentalmusik
- Eimer mit Löschwasser (oder ähnliches Material, den Brandschutzbestimmungen Ihrer Kita entsprechend)

DURCHFÜHRUNG

Alle Kinder sitzen im Kreis. In der Mitte steht die Schale mit der Kerze. Die Kinder beobachten eine Weile das Licht der Kerze, spüren dabei die Bewegungen des Lichtes nach und bewegen sich passend dazu im Sitzen.

Dazu können sie beispielsweise die Arme über den Kopf führen und an den Händen zusammenlegen, um die spitze Kerzenflamme nachzustellen. Dann bewegen sie sich so, wie die Kerzenflamme es vormacht. Die Flamme können die Kinder aber auch mit dem ganzen Körper nachstellen. Die Kinder sollten die Bewegungen ruhig und sanft ausführen und nach einiger Zeit wieder zur Ruhe kommen.

Bitten Sie die Kinder, jetzt ganz leise zu sein und nicht zu sprechen, weil jetzt ein kleines Kerzenlicht-Ritual stattfindet. Stellen Sie leise die Musik an. Nehmen Sie die Kerze aus der Kreismitte. Jetzt gehen Sie mit dem Licht einmal vorsichtig und ganz langsam im Kreis. Überreichen Sie die Schale mit der Kerze einem Kind, das nun ebenfalls vorsichtig im Kreis geht und dann das Licht weiterreicht. Die Stille-Übung endet, wenn alle Kinder das Licht einmal weitergereicht haben.

Dazu passt dieser kleine Kerzenlichtspruch:
Kleine Flamme, wunderschön,
möcht mit dir im Kreise geh'n.

EINE MINI-VORLESEGESCHICHTE MIT KERZENLICHT

Die kleine Flamme

Es war einmal eine kleine Kerzenflamme. Sie war eher klein und unten ganz blau, denn die Kerze brannte noch nicht lange und die kleine Flamme musste sich ziemlich anstrengen, um größer zu werden.

Die anderen Kerzen brannten schon sehr hell und mit großen Flammen. „Wie werde ich denn bloß größer?", fragte die kleine Flamme eine von den großen Flammen. Die große Flamme zuckte ein bisschen und beugte sich zu der kleinen Kerzenflamme herab.
„Weißt du denn nicht, dass du einfach gar nichts zu machen brauchst? Du wächst von ganz allein."
Damit war die kleine Flamme überhaupt nicht einverstanden und sie reckte und streckte sich, um größer zu werden.

Da kam ein Kind in den Raum mit den Kerzen. Es ließ die Tür aufstehen und ein Luftzug wehte ins Zimmer. Huiiiii, fegte das Lüftchen um die Flammen herum und ließ sie tanzen und zucken. Und die kleine Flamme? Die wurde beinahe ausgelöscht von dem Windchen.

Doch kurz darauf schlug das Kind die Tür wieder zu und schon wieder zog ein Luftzug durch den Raum. Die Flammen tanzten unruhig, aber die kleine Flamme wurde endlich größer. Sie reckte sich hoch empor und freute sich an ihrer neuen Gestalt. Unten war sie noch ein bisschen blau, in der Mitte orange und nach oben hin wurde sie gelb und dann fast weiß. Wunderschön fand sich die kleine Flamme.

Schaut einmal eure Flamme ganz genau an. Welche Farben sind in der Flamme enthalten? Könnt ihr sie aufmalen?

EINE GESCHICHTE ZUM TRÄUMEN UND ANGSTVERLIEREN

Der Traumstern

Nicht jedem Kind fällt das Einschlafen leicht. Nachts sehen auch harmlose Dinge wie Kleiderschränke oder Kissen ganz schön unheimlich aus. Dann hilft etwas Sternenstaub aus dieser Geschichte – als kleiner Mutmacher. Ob das auch bei Ihren Kindern wirkt?

VON MARION BISCHOFF

© Luvi40/Thinkstock

Die Geschichte

Jeden Abend, wenn Mariella ins Bett gehen soll, fängt ihr Herz an, wild zu pochen. Papa liest ihr eine Geschichte vor und Mama gibt ihr einen Gute-Nacht-Kuss. Dann geht das Licht aus. Durch die schmalen Ritzen am Rollladen dringen wenige Lichtstrahlen von der Straßenlaterne vor dem Haus ins Zimmer. Der Kleiderschrank sieht unheimlich aus. Wie ein riesiger, dunkler Klotz. Vom Spiegel schauen glänzende Augen auf Mariella. Sie zieht sich die Bettdecke bis zur Nase hoch und schließt die Augen. Ab und zu blinzelt sie und lugt durch winzige Augenschlitze in den dunkler werdenden Raum. Die Kissen verwandeln sich in gefährliche, grauschwarze Steinbrocken. Mariella zittert vor Angst. Ihre Hände krallen sich in die Bettdecke.

ALTER

ab 3 Jahren

Auf einmal hört sie ein leises Knistern. Was war das? Schnell zieht sie sich die Decke ganz über den Kopf und hält die Luft an. Sie traut sich gar nicht, sich zu bewegen, denn dieses Knistern, das sich anhört, als würde sie eine Gummibärchentüte zusammenknautschen, kommt langsam näher. Ist es schon auf ihrem Bett? Da sieht sie durch die Bettdecke etwas leuchten. Eine feine Stimme flüstert:

→

„Hallo? Du musst keine Angst haben."

Wer war das? Vorsichtig schiebt Mariella die Bettdecke ein kleines Stückchen zur Seite. Gerade so, dass ihre Augen darunter hervorkommen und sie etwas sehen kann. Auf ihrer Bettkante sitzt ein kleiner Stern. Er leuchtet hell, aber nicht wie eine Lampe, sondern eher wie eine Kerze - nur ohne Feuer. Freundlich lächelt er sie an.

„Wer bist du?", fragt sie aufgeregt. „Ich bin Sternchen." Auf einem seiner Zacken hüpft er ein Stückchen näher.
Mariella schiebt ihre Bettdecke beiseite. „Und was machst du hier?"
„Ich bin der Traumstern. Meine Aufgabe ist es, die Kinder zu besuchen, die in der Dunkelheit Angst haben."
„Woher weißt du denn, dass ich Angst habe?" Erstaunt sieht Mariella das Sternchen an.
„Wenn wir oben am Himmel stehen und die Kinder schlafen gehen, schauen wir zur Erde hinunter und sehen genau, wenn ein Kind ängstlich aus dem Fenster sieht oder sich unter seiner Bettdecke verkriecht. So wie du."

Mariella setzt sich auf. Sie kann es kaum glauben, was sie da hört. So weit sind die Sterne von der Erde entfernt und doch wissen sie, dass es da Kinder gibt, die Angst vor der Dunkelheit haben. Sternchen hüpft auf seine Beine und von dort weiter auf Mariellas Hand.

„Ich komme zu den Kindern, verstreue Traumsternenstaub und dann können die Kinder jeden Abend, wenn sie zu Bett gehen, diesen Staub mit einem Zauberspruch aktivieren."

Zusatz-Tipp

In den Kopiervorlagen wartet ein spannendes Schau-genau-Rätsel auf die Kinder, passend zur Geschichte vom Traumstern.

Sternchen schwingt sich mit einem Mal in die Luft und schwebt durch Mariellas Zimmer. Plötzlich leuchten Tausende kleiner Lichtpunkte im ganzen Raum, die jedoch gleich wieder verschwinden.
„Hast du den Traumsternenstaub gesehen?"
„Ja!" Mariella strahlt vor Begeisterung. Sternchen landet erneut auf Mariellas Bein.

„Du musst den Zauberspruch aufsagen: Sternenstaub, leuchte für mich. Mit dir fürchte ich mich nicht."
Unsicher sieht Mariella das Sternchen an.
„Na los, versuch es."
Kaum hörbar beginnt Mariella zu sprechen: „Sternenstaub, leuchte für mich. Mit dir fürchte ich mich nicht."

Im selben Augenblick tanzen wieder unzählige Lichtpünktchen durch ihr Zimmer, die alle aussehen wie klitzekleine Sternchenpunkte. Begeistert strahlt Mariella das Sternchen an, das sich schon wieder in Luft schwingt.

„Ich muss weiter. Es gibt noch mehr Kinder, die meinen Traumsternenstaub brauchen", sagt es.

© cassinga/GettyImages

Fast ist Mariella ein wenig traurig. Aber sie freut sich auch, dass noch mehr Kinder den Sternenstaub bekommen. Sie winkt dem Sternchen noch einmal zu, sieht, wie es zum Fenster fliegt. Noch einmal dreht es sich um und lächelt ihr entgegen. Dann ist es verschwunden.
Als Mariella mitten in der Nacht aufwacht, glaubt sie, sie hätte geträumt. Doch dann sagt sie den Zauberspruch auf.

Was glaubt ihr, was dann passiert?

EINE FANTASIEREISE ZUM ENTSPANNEN UND ERHOLEN

Ab auf die Insel

Fantasie- oder auch Traumreisen zählen zu den imaginativen Verfahren. Es handelt sich dabei um gelenkte Tagträume. Fantasie und Kreativität werden durch sie beflügelt und zugleich genutzt, um eine Reise in innere Welten zu machen. Dabei tauchen, angeregt durch die erzählten Worte, Bilder vor dem inneren Auge auf, die angenehm und beruhigend wirken sollen. Fantasiereisen können helfen, tiefe Erholungs- und Entspannungszustände zu erleben, Stress abzubauen und ein inneres Gleichgewicht herzustellen.

VON THERESA STENNER

VORBEREITUNG

Legen Sie den Boden mit den Matten aus und verteilen Sie darauf die Decken und Kissen. Sorgen Sie für eine gemütliche Atmosphäre und angenehmes Licht. Jedes Kind sucht sich eine Matte aus und macht es sich darauf gemütlich. Wer mag, kann sich mit der Decke zudecken. Wichtig ist, dass die Kinder eine Position finden, in der sie möglichst während der gesamten Reise ruhig liegen und zuhören können. Dann lesen Sie mit ruhigem Tonfall und langsam die Fantasiereise vor. Machen Sie zwischendurch immer wieder kurze Pausen, um den Kindern die Möglichkeit zu geben, sich alles ganz genau vorzustellen. Sie können die Reise auch mit einer ruhigen Entspannungsmusik untermalen, das erzeugt noch mehr besinnliche Atmosphäre. Anschließend fragen Sie die Kinder, wie ihnen die Reise gefallen hat und was sie dabei erlebt haben. Nacheinander darf jedes Kind, das möchte, berichten.

ALTER

ab 4 Jahren

MATERIAL

- Nach Wunsch: CD-Spieler mit Entspannungsmusik
- Pro Kind 1 Matte oder Matratze, 1 Decke und 1 Kissen

Fantasiereise

© Mike_Powell / Thinkstock

Leg dich bequem hin und schließe deine Augen. Spüre deinen Körper, wie er ganz entspannt auf der Matte liegt. Dann atmest du einige Male tief ein und wieder aus.

Stell dir vor, du wärst am Ufer eines großen Meeres. Es ist warm und die Sonne scheint. Salziger Wind schiebt hohe Wellen an den Strand und zerzaust deine Haare. Da entdeckst du ein kleines Boot, das an einem Steg festgebunden ist. Es ist aus braunem Holz mit einem hohen Mast und großen, weißen Segeln. Du läufst auf den Steg und kletterst ins Boot. Geschickt bindest du die Leinen los und hisst das Segel. Mit dem Steuerruder lenkst du das Boot weg vom Steg und schon bläst dich der Wind hinaus auf das offene Meer. Sanft gleitet dein Boot durchs Wasser. Eine sanfte Brise bläht deine Segel geschmeidig auf und treibt dich weiter dem Horizont entgegen.

Du kletterst den Mast hinauf und steigst in den Ausguck. Durch ein Fernglas erspähst du in der Ferne eine kleine Insel. Was sich wohl darauf befindet? Das willst du unbedingt herausfinden und so lenkst du dein Boot in diese Richtung.

Die Abendsonne leuchtet rot am Himmel, als du dein Ziel erreichst. Vor der Insel legst du Anker. Du ziehst deine Schuhe aus und läufst die letzten Meter durch das seichte Wasser auf den Strand der Insel zu. Unter deinen Füßen spürst du den weichen Sand. Am Strand angekommen setzt du dich erstmal hin und schaust dich um. Es ist ganz ruhig und friedlich hier. Kein Windrauschen ist mehr zu hören, nur das leise Plätschern der Wellen. Du genießt die Ruhe.

Dann stehst du auf und machst dich auf den Weg, die Insel zu erkunden. Denn schon als du den ersten Fuß draufgesetzt hast, wusstest du, dass es deine Insel ist, dein Ruhe-Ort, der ganz allein dir gehört.

Lass dir Zeit, während du umherläufst und deine Insel erkundest. Was gibt es dort alles? Schau dir jedes Detail ganz genau an. Was siehst du? Was hörst du für Geräusche? Wie riecht es auf deiner Insel? Wie fühlt es sich an, dort zu sein?

Vielleicht gibt es einen Wald mit vielen uralten Bäumen, auf die du hinaufklettern kannst, einen kleinen Teich mit frischem Trinkwasser und blühenden Seerosen. Vielleicht gibt es auch eine geheimnisvolle Höhle mit einem Schatz, ein großes Baumhaus, in dem du spielen kannst, und einen See zum Plantschen. Alles, was du dir wünschst und was du magst, gibt es hier auf deiner Insel.

Während die Sonne immer tiefer sinkt, kehrst du zum Strand zurück. Du verabschiedest dich von deiner Insel und steigst wieder in das Boot. Zufrieden segelst du zurück.

Du freust dich, denn du hast einen Ort gefunden, der ganz allein dir gehört, an den du jederzeit zurückkehren kannst, wenn du das Gefühl hast, Ruhe zu brauchen, und du mal allein sein möchtest.

Nun kehrst du langsam wieder zurück. Bewege zuerst deine Hände und Füße, deine Arme und Beine, strecke dich. Gähne, wenn du magst, und öffne deine Augen.

Noch mehr Ideen

Laden Sie die Kinder dazu ein, ein Bild ihrer Ruhe-Insel mithilfe von Buntstiften, Kreiden oder Wasserfarben zu malen oder sie aus Knete/Ton zu modellieren.

KLEINE UND EINFACHE SPIELE FÜR DIE SINNE UND DIE ENTSPANNUNG

Zwischendurch-Ruhe

Für eine lange Fantasiereise fehlen manchmal Zeit, Lust und Nerven. Schnell in die Ruhe finden: Wie gelingt das in kurzer Zeit? Genau hier helfen diese sieben Ruck-zuck-ruhig-Spielideen. Sie sind ohne großartigen Materialaufwand, fast ohne Vorbereitung und ganz einfach durchzuführen und bieten sich immer wieder aufs Neue an, um mehr Entspannung und Ruhe in die Gruppe zu bringen. Durch die Konzentration auf die Wahrnehmung ist es möglich, wieder in Ruhe zu kommen, sich selbst zu fühlen und sich zu zentrieren.

VON HEIKE KÖNIG

© Tigatelu / Thinkstock

RUHE 1: SCHLAFENDER LÖWE

Alle Löwen (Kinder) schlafen und legen sich ganz ruhig auf den Boden. Der:die Löwenwärter:in (Spielleiter:in) bewacht die Löwen. Wer sich bewegt, muss sich aufsetzen. Der letzte „schlafende Löwe" wird in der neuen Runde Spielleiter:in.

ALTER

ab 3 Jahren

RUHE 2: LUSTIGE SÄTZE FLÜSTERN

Dieses Spiel findet als Gemeinschaftsspiel im Stuhlkreis statt: Ein Kind beginnt und flüstert ein Wort in den Kreis, gerade so laut, dass es die anderen verstehen können. Das nächste Kind hängt ein weiteres Wort an und so geht es weiter, bis ein ganzer Satz und eine ganze Flüster-Geschichte entstanden sind.

→

RUHE 3: RICHTUNGSLAUSCHEN

Die Kinder sitzen im Stuhlkreis. In der Mitte steht ein leerer Stuhl. Wer auf den Stuhl in die Mitte kommt, bekommt die Augen verbunden. Ein weiteres Kind steht sehr leise auf und macht in einer ausgewählten Ecke immer das gleiche Geräusch (beispielsweise mit einem Schlüsselbund rasseln). Das Kind in der Stuhlkreismitte muss ohne Worte in die Richtung des Geräusches mit dem Finger zeigen. Dann darf das nächste Kind auf den Stuhl.

RUHE 4: WASSERTROPFEN ZÄHLEN

Bei dieser Partnerübung bekommt ein Kind die Augen verbunden. Das andere Kind tropft mit einer Pipette Wasser in ein Glas mit Wasser. Das „blinde“ Kind zählt die Wassertropfen. Wie viele waren es wohl? Dann dürfen die Rollen getauscht werden.

© Stefania Pelfini, La Waziya Photography/GettyImages

RUHE 5: GEHIRN-MEMO

Alle Kinder gehen langsam und aufmerksam, ohne zu sprechen, durch den Raum. Auf ein Zeichen (beispielsweise einen Gongschlag) bleiben alle stehen und schließen die Augen. Wer kann folgende Fragen beantworten?

- *Welche Farbe hat die Decke?*
- *Welche Farbe hat die Wand?*
- *Auf welcher Seite steht der Tisch?*
- *Wo hängt das große Poster mit ...?*

Die Fragen können laut oder still beantwortet werden.

RUHE 6: FARB-EMOTIONEN

Schneiden Sie als Vorbereitung Tonkarton in verschiedenen Farben zu gleich großen Kärtchen. Gemeinsam betrachten Sie immer eine Karte im Stuhlkreis. Die Kinder erzählen von ihren Gefühlen zur entsprechenden Farbkarte. Welche Gegenstände oder Lebewesen haben diese Farbe?

Daran können Sie viele interessante Farbwahrnehmungsideen anschließen. Die Kinder können alle Karten ausbreiten, ihre Lieblingsfarbe nennen und erklären, warum sie diese Farbe so gern mögen.

RUHE 7: GERÄUSCHE ERKENNEN

Bei diesem Gemeinschaftsspiel im Stuhlkreis verbindet jeweils ein Kind seinem Partnerkind die Augen und macht ein Geräusch, zum Beispiel:

- *Reißverschluss an der Jacke auf- und zuziehen*
- *Wasserhahn auf- und zudrehen*
- *Schranktür öffnen und schließen*
- *Schere auf- und zumachen*
- *Lichtschalter kippen*
- *Mit dem Besen fegen*

Das Kind mit den verbundenen Augen errät das Geräusch und darf dann einem anderen Kind die Augen verbinden, das nun raten wird. Den Kindern fallen vielleicht noch mehr Geräusche ein, die die anderen Kinder erraten können?

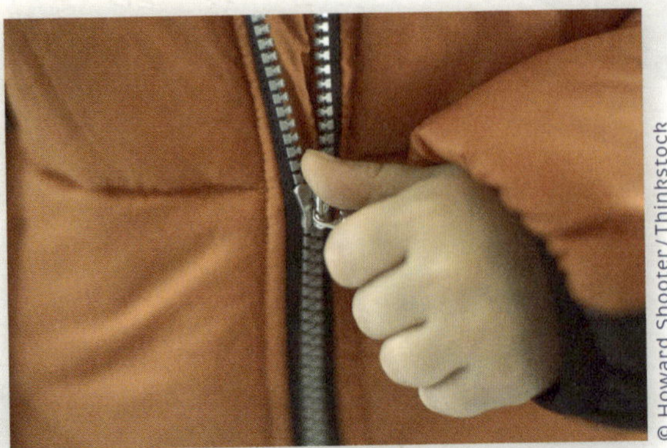

© Howard Shooter / Thinkstock

KINDERKÜCHE

EIN LECKERER ENTSPANNUNGSTEE ZUM SELBSTMISCHEN

Der Murmeltrunk

Der Murmeltrunk besteht aus Lavendel, Melisse und Zitronengras. Allen drei Pflanzen wird eine entspannende Wirkung nachgesagt. Sie beruhigen das zentrale Nervensystem und wirken ausgleichend. Lavendel und Melisse können Sie mit den Kindern in den warmen Jahreszeiten selbst sammeln. Zitronengras kaufen Sie in getrockneter Form. Aus den drei Zutaten mischen die Kinder selbst einen gesunden Tee, der gut duftet und erfrischt. Dabei lernen die Kinder die Zubereitungsschritte kennen und üben den Umgang mit Küchengeräten. Auch das Ritual des Teetrinkens hat eine entschleunigende und entspannende Wirkung und ist zugleich ein sinnliches Erlebnis für die ganze Gruppe.

VON THERESA STENNER

ALTER

ab 3 Jahren

ZUTATEN UND MATERIAL

- Getrocknete Lavendelblüten
- Getrocknete Melisse
- Getrocknetes Zitronengras
- Wasser
- Etwas Honig
- 1 Wasserkocher
- 1 Teekanne
- 4 Schälchen
- 1 Teesieb
- 1 Teelöffel
- Pro Kind 1 Tasse und 1 Teelöffel

Füllen Sie die Lavendelblüten, die Melissenblätter und das Zitronengras jeweils in ein Schälchen. Die Kinder dürfen reihum daran schnuppern und die Pflanzen befühlen. Nebenbei kochen Sie schon mal Wasser im Wasserkocher auf.

Fragen Sie die Kinder, wonach die Pflanzen jeweils riechen und benennen Sie sie gemeinsam.

Anschließend werden die drei Teezutaten in einem weiteren Schälchen zu gleichen Teilen gemischt. Für einen Liter Wasser benötigen Sie von jeder getrockneten Pflanze ungefähr einen Teelöffel voll.

Füllen Sie das Gemisch in das Teesieb und hängen Sie es in die Teekanne. Beim Übergießen sollte das Wasser nicht mehr kochend, sondern schon etwas abgekühlt sein (ungefähr 80 Grad).

Der Tee muss ungefähr 10 Minuten ziehen und kann mit etwas Honig gesüßt werden. Sie können das Mischungsverhältnis der drei Zutaten auch variieren. Laden Sie die Kinder dazu ein, eine Teemischung nach ihren eigenen Geschmacksvorlieben zu kreieren.

© Ulza/Thinkstock

Zusatz-Tipp

Auch als Abend- und Gute-Nacht-Tee ist der Murmeltrunk wunderbar geeignet. Geben Sie den Eltern eine Kopie von dem Rezept mit nach Hause. Oder verschenken Sie kleine Tütchen mit etwas Teemischung an die Eltern.

TEEKRÄUTER MIT ENTSPANNENDER WIRKUNG VON A WIE ANIS BIS Z WIE ZITRONENMELISSE

Anis
Magenberuhigend, entspannend

Johanniskraut
Beruhigend, stimmungsaufhellend, entzündungshemmend, antibakteriell

Kamille
Krampflösend, beruhigend

Lavendel
Schlaffördernd, angstlösend

Lindenblüte
Beruhigend, entzündungshemmend

Rotbusch/Roibos
Entspannend, krampflösend

Zitronengras
Entspannend, stressreduzierend, nervenberuhigend, gut gegen Schlaflosigkeit

Zitronenmelisse
Beruhigend, entspannend, krampflösend

© T. Stenner

MIT NÜSSEN, SCHOKOLADE UND BANANEN

Cookies und Kuchen für die Seele

Es gibt sie, die Lebensmittel, die uns glücklich machen. Nachgewiesen sind unter anderem die Wirkungen von Bananen, Schokolade und Nüssen auf unser Nervensystem und auf die Produktion von Hormonen. Wenn es also wieder einmal unruhig oder stressig ist, dann könnte eine kleine Belohnung nicht schaden. Unsere Cookies sind nicht wirklich kalorien- und zuckerarm, darum sollten Sie sie mit den Kindern in Maßen genießen. Wie wäre es mit Cookies fürs Team und die nächste Besprechung? Alle Rezepte sind vegetarisch, glutenfrei und nach Wunsch laktosefrei.

VON TINA SCHERER

© grafvision / Thinkstock

TRAUBEN-NUSS-COOKIES

Den Ofen auf 180 °C vorheizen. Die Butter und den Zucker verrühren. Das geschlagene Ei und die Vanille dazurühren. Von den Nüssen und Rosinen eine Handvoll zur Dekoration abnehmen, den Rest hacken. Mit dem Mehl und dem Joghurt zum Teig geben und alles gut verrühren. Von der Masse kleine Häufchen auf mit Backpapier belegte Bleche setzen, etwas flach drücken und mit den restlichen Nüssen und Rosinen garnieren. Etwa 12 Minuten goldbraun backen.

© T. Scherer

ZUTATEN
FÜR ETWA 20 STÜCK

- 125 g Butter (laktosefrei/vegan: Pflanzenmargarine)
- 100 g brauner Zucker
- 1 Ei, geschlagen (vegan: Ei-Ersatz)
- Vanillepulver oder ausgekratztes Mark einer Vanilleschote
- 1 Esslöffel Naturjoghurt (laktosefrei/vegan: Sojajoghurt)
- 150 g Vollkornreismehl
- 150 g Nüsse und Rosinen

SCHOKO-COOKIES

Den Ofen auf 180 °C vorheizen. Das Ei mit dem Zucker verrühren, dann das Mandelmus, den Kakao und das Backpulver dazurühren. Die Schokolade hacken und leicht unterheben. Vom Teig Häufchen auf mit Backpapier belegte Bleche setzen und für etwa 10 Minuten backen. Die Plätzchen sind dann innen noch weich und etwas flüssig. Knusprigere Plätzchen erhalten Sie, wenn Sie die Backzeit je nach Ofen um etwa eine bis 4 Minuten verlängern.

© T. Scherer

ZUTATEN
FÜR ETWA 20 STÜCK

- 1 Ei (vegan: Ei-Ersatz)
- 75 g brauner Zucker
- 250 g Mandelmus, Mandelbutter oder Erdnusscreme
- 30 g Backkakao
- 1 Teelöffel Backpulver
- 150 bis 200 g dunkle Schokolade (nach Wunsch laktosefreie/vegane Schokolade wählen)

HAFER-BANANEN-COOKIES

ZUTATEN
FÜR ETWA 20 STÜCK

- 2 Bananen
- 160 g Haferflocken (nach Wunsch glutenfreie Haferflocken)
- ½ Teelöffel Zimt
- Rosinen oder Schoko-Tröpfchen

Den Ofen auf 200 °C vorheizen. Die Bananen schälen und in einer Schüssel mit einer Gabel grob zerdrücken. Die Haferflocken und das Zimtpulver dazugeben und alles gut miteinander vermischen. Zum Schluss eine Handvoll Rosinen oder Schoko-Tröpfchen unterheben. Von der Masse kleine Häufchen auf mit Backpapier belegte Bleche setzen und für 10 bis 15 Minuten goldbraun backen.

BANANEN-WALNUSS-BROT

Die Butter mit dem Zucker schaumig rühren. Dann Vanillezucker, Eier und Salz unterrühren. Die Bananen zerdrücken und ebenfalls dazurühren. Das Mehl mit den Mandeln und dem Backpulver in einer extra Schüssel gut vermischen, dann zur Eier-Zucker-Bananen-Masse geben und alles gut miteinander verrühren. Zum Schluss die Walnüsse unterheben. Die Masse in eine mit Backpapier ausgelegte Kastenform geben. Bei 180 °C etwa 50 Minuten goldbraun backen. Nach dem Backen 2 Stunden auskühlen lassen.

© T. Scherer

ZUTATEN
FÜR EINE KASTENFORM

- 140 g helles, glutenfreies Mehl (Mehlmischung)
- 100 g gemahlene Mandeln
- 1 Teelöffel Backpulver
- 50 g Butter (laktosefrei/vegan: Pflanzenmargarine)
- 2 Eier (vegan: Ei-Ersatz)
- 1 Prise Salz
- 1 Päckchen Vanillezucker
- 3 große Bananen
- 150 g brauner Zucker
- 100 g Walnüsse, grob gehackt

MIT DUFT IN DIE WELT DER WOHLFÜHL-MASSAGE

Unser eigenes Massage-Öl

Ein Massage-Öl können Sie sehr gut mit den Kindern selbst herstellen. Die Kinder können es sparsam und tröpfchenweise bei Handmassagen einsetzen. Es eignet sich aber auch als kleines Geschenk für die Eltern. Auch Sie selbst genießen vielleicht eine kleine Auszeit und gönnen bei Kopfschmerzen den Schläfen und dem Nacken eine kurze Duft-Massage. Auch die Innenseiten der Handgelenke, Füße und Fußsohlen freuen sich über eine kleine Massage.

VON HEIKE KÖNIG

DAS KANN IHR ÖL

Das Basis-Öl: Das Basis-Öl ermöglicht das leichte Gleiten über die Haut bei jeder Massage. Es pflegt und nährt die Haut gleichzeitig, da es neben seinem Fettgehalt auch viele Vitamine, Provitamine oder Mineralstoffe enthält. Als Basis-Öl können Sie Jojoba-, Avocado-, Mandel-, Sesam- oder Olivenöl verwenden.

Das ätherische Öl: Das ätherische Öl verleiht dem Massage-Öl seinen Duft und beruhigt, entspannt oder belebt, wärmt oder kühlt, desinfiziert, lindert Schmerzen oder fördert die Durchblutung, ist immunstärkend oder konzentrationsfördernd oder unterstützt das Wohlbefinden von Körper, Geist und Seele.

© Amphawan Chanunpha/GettyImages

ALTER

ab 4 Jahren

Diese Öle bringen Wirkung

Ätherische Öle zur Entspannung und Beruhigung

- Mandarine
- Lavendel
- Baldrian
- Sandelholz
- Rose
- Hopfen
- Johanniskraut
- Melisse

Ätherische Öle zur Steigerung der Konzentrationsfähigkeit

- Zimtrinde
- Orange
- Kardamom
- Koriandersamen
- Limette
- Rosmarin
- Zypresse
- Pfefferminze

Ätherische Öle zur Unterstützung der Verdauung

- Ingwer
- Kardamom
- Bergamotte
- Weihrauch
- Neroli
- Angelikawurzel
- Dill
- Fenchel
- Majoran

© kerdkanno/GettyImages

GRUNDREZEPT ZUR HERSTELLUNG EINES MASSAGE-ÖLS

Das Basis-Öl in eine dunkle Glasflasche geben, das ätherische Öl tropfen die Kinder vorsichtig hinein, indem sie die Tropfen mitzählen. Die Glasflasche verschließen und kräftig durchschütteln. Das Massage-Öl lagern Sie am besten im Kühlschrank. Beim Mischen immer beachten: Von den stark riechenden ätherischen Ölen weniger Tropfen und von den schwächer duftenden etwas mehr Tropfen nehmen.

© H. König

Mix 1: Sanftes Öl zur Beruhigung und Schlafförderung

6 Tropfen Lavendel
8 Tropfen Mandarine
3 Tropfen Zitronenmelisse
3 Tropfen Bergamotte

Mix 2: Würziges Öl zur Konzentrationsförderung

5 Tropfen Zimtrinde
5 Tropfen Pfefferminze
10 Tropfen Orange

Mix 3: Kräftiges Öl zum Aufwachen und für die Muskelentspannung

8 Tropfen Rosmarinöl
12 Tropfen Zitronenöl

ZUTATEN UND MATERIAL

- 100 ml Basis-Öl
- 15 bis 20 Tropfen ätherisches Öl
- Braune Glasflaschen oder Flakons mit Verschluss

Alle ätherischen Öle können natürlich auch einzeln verwendet werden und dann zum Rosenmassage-Öl, Orangenmassage-Öl oder Pfefferminzmassage-Öl werden.

HANDMASSAGE-GESCHICHTE

Der Wind weht über den Wald

Bei dieser kleinen Handmassage können die Kinder eine Handcreme oder einige Tropfen Massage-Öl auf den Händen verteilen und die Bewegungen passend zu den Reimen mitmachen.

Der Wind, der Wind weht über den Wald,
von jeder Richtung, es wird ganz kalt.
(Mit der einen Hand über den Handrücken der anderen streichen, mehrmals mit jeder Hand wiederholen)

Die Wichtel reiben die Hände im Wind,
vor und zurück, geschwind, geschwind.
(Die Handflächen gegeneinander reiben, mehrmals wiederholen)

Die Bäume wiegen die Äste im Wind,
verschränken die Zweige geschwind, geschwind.
(Die Finger verschränken und dabei die Handflächen und Finger gegeneinander reiben wie beim Händewaschen)

(Dann alles noch einmal)
Der Wind weht im Wald, von jeder Richtung,
es wird ganz kalt.
(wie nebenan)

Die Wichtel reiben die Hände im Wind,
vor und zurück, geschwind, geschwind.
(wie nebenan)

Die Bäume wiegen die Äste im Wind,
verschränken die Zweige geschwind, geschwind.
(wie nebenan)

Dann fegt er davon, der kalte Wind,
und schon ist er weg, geschwind, geschwind.
(Über die Hände pusten)

WALD & WIESE

WO KÄFER HUSTEN UND MÄUSE KEUCHEN

Naturlauschen

Im Wald und auf der Wiese gibt es nichts zu lauschen? Nicht richtig: Man muss nur leise sein, damit man sie hört – die Geräusche der Natur. Da rascheln Amseln und Waldmäuse im Laub und im Unterholz, es zwitschern Singvögel, krächzen Rabenvögel wie Eichelhäher, Elster und Krähe, da zirpen Grillen, summen Hummeln und Schwebfliege, Bäume rauschen im Wind ... Lassen Sie sich mit den Kindern doch einmal auf ein solches Hör-Abenteuer ein. Sie werden erstaunt sein, wie vielfältig die Geräusche in Wald und Wiese sind.

VON MARION BISCHOFF

Gehen Sie mit den Kindern in die Natur und suchen Sie sich einen Platz, an dem es möglichst wenig Verkehrsgeräusche gibt. Setzen Sie sich mit genügend Abstand auf den Boden und bitten Sie die Kinder, die Augen zu schließen, bis Sie sagen, dass sie sie wieder öffnen sollen.

Geben Sie den Kindern die Aufgabe, genau hinzuhören, welche Geräusche sie wahrnehmen.

Beginnen Sie mit einer „Lauschzeit" von 30 Sekunden. Erhöhen Sie die Lauschzeiten auf bis zu 3 Minuten. Stellen Sie zu Beginn nur die Frage, wer etwas gehört hat. Zumeist erzählen die Kinder von sich aus, welche Geräusche sie wahrnehmen konnten.

Sollten die Kinder Schwierigkeiten haben, sich zu äußern, können Impulsfragen helfen: Hast du ein Tier gehört? Welches? Kannst du uns zeigen, aus welcher Richtung das Geräusch gekommen ist?

Mit etwas Übung können die Kinder verschiedene Vogelstimmen unterscheiden und auch sagen, ob diese Stimme weiter entfernt war oder ziemlich nah.

Sollten Sie in Ihrer Gruppe viele unruhige Kinder haben, empfiehlt es sich, Kleingruppen zu bilden, um allen Kindern das Hörerlebnis zu bieten.

ALTER

ab 4 Jahren

MATERIALIEN

- Je nach Witterung Sitzkissen oder Picknickdecken als Unterlage

Zusatz-Tipp

Setzen Sie sich in einen Kreis und ein Kind darf in die Mitte. Diesem Kind werden die Augen verbunden. Alle anderen sitzen mit offenen Augen da. Das Kind in der Mitte soll anzeigen, sobald es etwas hört. Haben die Kinder, die mit geöffneten Augen dasitzen, das Geräusch auch wahrgenommen? Oftmals erkennen die Kinder, dass sie mit geöffneten Augen weniger gut hören. Das ist eine spannende Erfahrung.

© ATHVisions/GettyImages

© MriyaWildlife/GettyImages

WALDBEWOHNER UND IHRE GERÄUSCHE

Eichelhäher

Mit seinem lauten Gekrächze warnt der bunte Riesenvogel andere Waldbewohner vor Eindringlingen. Wenn Sie ihn aufscheuchen, ist sein Lärm kaum zu überhören. Sie finden ihn wie der Name schon sagt im Wald (auf Eichen) oder in Hecken.

© Markus Hentschel/GettyImages

Amsel

Etwas raschelt im Unterholz? Meist ist kein großes Waldtier in der Nähe, denn Fuchs und Wildschwein zeigen sich eher in der Dämmerung oder nachts. Aber eine kleine Amsel kann im trockenen Laub und zwischen Ästen und Zweigen für ziemlichen Lärm sorgen. Dort gehen die dunklen Waldvögel auf die Suche nach Würmern, Spinnen und Insekten und fleddern im Laub umher.

Eichhörnchen

Hastige kleine Schritte könnten von einem Eichhörnchen kommen. Aber wussten Sie, dass Eichhörnchen auch schreien können? Wenn sie in Not geraten, stoßen sie schrille Laute aus.

Buntspecht

Tock, tock, tock! Wenn Sie eine Art klopfendes Hämmern hören, dann könnte der Buntspecht am Werk sein. Mit seinem festen Schnabel pickt er Löcher in abgestorbene Baumstämme, um sich darin eine Höhle einzurichten. Der Buntspecht ist bei uns die häufigste Spechtart. Sie erkennen ihn an seinem prachtvollen schwarz-rot-weißen Federkleid.

© Markus Hentschel/GettyImages

EINE WOLKENREISE IN DER NATUR

Wolkenzauber

Im Herbst und im Sommer haben Sie Glück: Dann ist der Himmel richtig azurblau. Jetzt ist die richtige Zeit, um Wolkenbilder zu träumen. Dazu brauchen Sie nichts weiter als eine Decke und Fantasie. Kommen Sie mit auf die Wolkenreise.

VON MARION BISCHOFF

Gehen Sie mit den Kindern nach draußen und suchen Sie sich einen Platz, der möglichst nicht umbaut ist. Lichtungen und Felder eignen sich dafür oft sehr gut.

Alle Kinder legen sich rücklings auf den Boden und schauen zum Himmel hinauf. Wie schnell ziehen die Wolken vorbei? Schaffen wir es, mit unserem Finger einer Wolke zu folgen? Wie sehen die Wolken aus? Wer entdeckt zuerst ein Wolkentier? Stellen Sie diese Impulsfragen den Kindern nacheinander. Beobachten Sie, wie die Kinder zur Ruhe kommen und sich an dem Naturschauspiel erfreuen.

Wenn Sie diese Übung mit den Kindern öfter durchführen, entstehen meist Möglichkeiten, gemeinsam eine Wolkengeschichte zu erfinden oder Lieblingswolken zu küren. Die Kinder nehmen bewusst wahr, wie sich die Wolken verändern, und auch, dass die Witterung bei der Geschwindigkeit der vorbeiziehenden weißen Gebilde eine Rolle spielt. Lassen Sie sich Zeit für diese Übung. Die Kinder wollen oft gar nicht mehr aufstehen, weil es spannend ist, wie sich immer neue Figuren entwickeln. Das fördert die Kreativität und das Vorstellungsvermögen der Kinder.

ALTER

ab 4 Jahren

MATERIALIEN

- Je nach Witterung Sitzkissen oder Picknickdecken als Unterlage

Noch mehr Ideen

Mein Wolkenbild

Zurück in der Kita können die Kinder ihre Wolkeneindrücke künstlerisch verarbeiten. Dazu kleben sie beispielsweise auf blauem Tonpapier ihre Wolkentiere mit Watte nach. Zunächst zeichnet das Kind mit dünnen Bleistiftstrichen sein Wolkentier oder das Motiv, das es gern abbilden möchte, auf dem Papier vor. Das Motiv mit flüssigem Klebstoff bestreichen und mit Watte bekleben. Besonders schön und echt wirken diese Bilder, wenn die Kinder in der 3-D-Technik arbeiten und die Wolkengebilde tatsächlich so darstellen, dass sie die Watte an manchen Stellen ganz fein zupfen und an anderen hoch zusammenknüllen.

Wolkenformen modellieren

Lassen Sie die Kinder vor dem Bekleben der Bilder mit der Watte experimentieren. Auch verschiedene Wolkenformen lassen sich mit Watte nachbilden. Feine Zirruswölkchen oder dicke, fette Kumuluswolken: Schmökern Sie dazu auch im Kasten.

© d3sign/GettyImages

Wolkenarten

© AlSimonov / Thinkstock, InstCaner / Thinkstock, Thinkstock / Thinkstock

Zirruswolken heißen auch Federwölkchen, denn es sind ganz feine, dünne, faserige Gebilde, die ein bisschen aussehen wie zerzauste Federn. Weil sie so zart sind, lassen sie viel Sonnenlicht durch und auf die Erde scheinen. Manchmal kündigen sie warmes Wetter mit Regen an.

Kumuluswolken sehen dick und puschelig aus wie ein zusammengeknüllter Wattebausch oder wie Blumenkohlröschen. Kumuluswolken können zu dicken Wolkentürmen aufquellen (Kumulonimben genannt), die klassischen Gewitterwolken. Als kleine zarte Schäfchenwolken bringen sie dagegen schönes Wetter.

Stratuswolken sind eigentlich eine einzige Riesenwolke. Sie bilden nämlich oft eine durchgängige Wolkenschicht, die tief am Himmel hängt. In der Regel kündigt eine solche Wolkenschicht Regen an und sieht auch schon grau aus, weil sie so viel Wasser enthält.
In Verbindung mit Zirrus- und Stratuswolken spricht man von Zirrostratus- oder Schleierwolken: Die Wolkenmischform aus beiden Arten sieht aus wie ein auseinandergegangener Kondensstreifen oder wie ein Schleier, bedeckt meist den ganzen Himmel und bringt in der Regel nach ein oder zwei Tagen Regen.

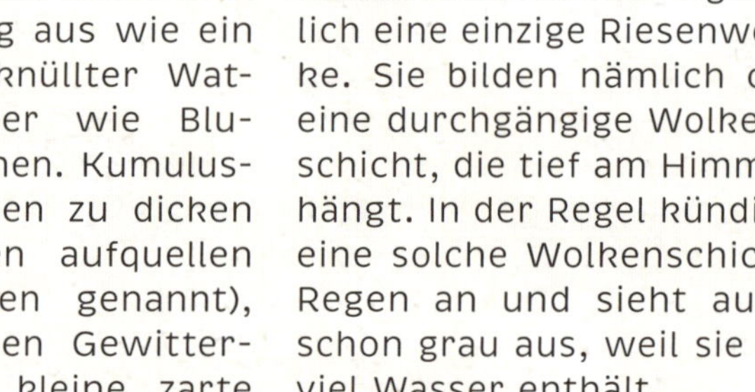

© comptine/GettyImages

U3-ERLEBNISREICH

EINE RUHE- UND WOHLFÜHLBOX FÜR UNSERE GRUPPE

Eins, zwei, drei: Ruhe

Im Kindergartenalltag geht es oft laut und hektisch zu. Die Zeit zum Entspannen und Herunterfahren kommt nicht selten zu kurz. Dabei können schon kleine Ruhepausen von fünf bis zehn Minuten sehr wirkungsvoll sein, um Stress vorzubeugen und für einen entspannten und harmonischen Ablauf zu sorgen.

VON THERESA STENNER

© Vera Livchak/GettyImages

ALTER

ab 0 Jahren

MATERIAL

- Weiche Bürsten
- Igelbälle
- Kirschkernkissen
- Sandsäckchen
- CD-Spieler mit Entspannungsmusik
- Lavendelsäckchen
- Duftlampe
- Fühlbilderbuch
- Buch mit Fantasiereisen zum Vorlesen
- Klangkugel- oder Klangschale
- Gehörschutz für Kinder
- Schöne Feder
- Beutelchen mit Entspannungstee

Dieses Angebot zielt darauf ab, Ihnen und den Kindern das spontane Durchführen von Ruhepausen und Entspannungsangeboten zu erleichtern und diese allmählich fest in den Tagesablauf zu integrieren. Gemeinsam mit den Kindern Ihrer Gruppe stellen Sie eine Box zusammen, in der sich Gegenstände befinden, die den Jüngsten helfen, zu sich zu kommen, sich zu entspannen und auszuruhen. Das hilft den Kindern, ein Gespür dafür zu entwickeln, wann sie Ruhe und Zeit für sich brauchen. Sie lernen so selbst herauszufinden, was ihnen hilft, sich zu entspannen und zu zentrieren.

VORBEREITUNG

Wählen Sie aus der Materialliste aus oder ergänzen Sie eigene Gegenstände, die die Kinder oder auch Sie selbst gerne in der Box haben möchten. Besorgen Sie diese gegenbenfalls noch und legen Sie alles bereit.

Zusätzlich benötigen Sie eine Kiste, Box oder einen Korb, der/die so groß ist, dass alle ausgewählten Gegenstände gut hineinpassen.

© ChamilleWhite/GettyImages

DURCHFÜHRUNG

Wann brauchst du Ruhe? Was hilft dir, dich zu beruhigen? Mit diesen Fragen leiten Sie dieses Angebot ein. Dazu versammeln Sie die Kinder im Kreis und lassen sie nacheinander erzählen. Sie werden staunen, wie genau die Kinder oftmals schon selbst wissen, was sie brauchen.

Besprechen Sie mit den Kindern das Vorhaben, gemeinsam einen Korb zusammenzustellen, in dem Gegenstände sind, die beim Entspannen und Pausemachen helfen. Erklären Sie ihnen, dass sie nach Absprache den Korb selbstständig hervorholen und etwas daraus verwenden können.

Zeigen Sie den Kindern die Dinge, die Sie vorbereitet haben, und unterhalten Sie sich darüber, was man damit machen kann. So sind die Bürsten und Igelbälle zum Massieren gedacht, die Lavendelsäckchen zum Schnuppern, die Klangschale zum Lauschen, das Fühlbilderbuch zum selbst Anschauen und Erfühlen und so weiter. Vereinbaren Sie gemeinsam einen Ort, an dem die Box aufbewahrt wird.

Als Einstieg können Sie direkt eine kleine Entspannungsphase anleiten, bei der die Kinder etwas aus der Wohlfühlbox ausprobieren dürfen.

Noch mehr Ideen

Wie wäre es, wenn die Kinder die Box selbst gestalten? Dazu geben Sie ihnen eine Pappschachtel, zum Beispiel einen Schuhkarton. Diesen bemalen die Kinder mit Fingerfarben oder bekleben ihn mit buntem Papier, Perlen, Federn und anderen Dingen. Das macht die Box umso mehr zu etwas Besonderem.

WANN KOMMT DIE BOX ZUM EINSATZ?

- **Zwischendurch, für kleine Ruhepausen**
- **Nach dem Mittagessen, zur Mittagsruhe**
- **Beim Stuhlkreis, zur Einführung oder als Abschluss**
- **Auf Wunsch der Kinder**

Zusatz-Tipp

Auch für zu Hause ist der Kerngedanke einer Wohlfühlbox sehr wertvoll. Unterhalten Sie sich mit den Eltern, was ihren Kindern aus ihrer Erfahrung heraus hilft, sich zu beruhigen. Sammeln Sie gemeinsam Ideen und regen Sie die Eltern an, auch daheim eine solche Box zusammenzustellen.

© T. Stenner

UNSER EIGENES FÜHLBILDERBUCH

Mit den Älteren für die Jüngeren gestaltet

Mit den Älteren aus Ihrer Gruppe ein Fühlbilderbuch für die Krippenkinder (und auch für alle Kinder der Gruppe oder Kita) gestalten? Eine tolle Idee, um den Zusammenhalt zwischen den Kindern über die Altershürde hinweg zu fördern. Vor allem die jüngeren Kinder werden Freude an diesem Buch haben – auch wenn sie beim Nähen und Kleben noch nicht mitwirken. Das fertige Buch lädt ein zum wiederholten Betrachten und Befühlen, zum Staunen, Erzählen und Zeigen.

VON THERESA STENNER

© Alexander Bashkirzew/GettyImages

ALTER

ab 4 Jahren (Buch gestalten)
ab 1 Jahr (Buch angucken und befühlen)

VORBEREITUNG

Schneiden Sie den Filz zu, am besten in verschiedenen Farben, sodass die Kinder später eine Auswahl haben. Die Maßangaben sind nur eine ungefähre Richtlinie. Das Filzstück soll, wenn es in der Mitte gefaltet wird, ungefähr ein Quadrat ergeben. Die Filzreste, die beim Zuschneiden entstehen, sammeln Sie in einem Körbchen. Die Kinder können sie für die Innengestaltung der Bücher verwenden.

Bereiten Sie den Basteltisch mit allen Materialien möglichst anregend vor, sodass die Kinder sofort Lust bekommen aufs Basteln und Nähen. Die Gestaltungselemente und Stoffreste füllen Sie am besten in kleine Schälchen.

Wenn Sie möchten, können Sie auch schon ein Fühlbuch als Anschauungsobjekt vorbereiten. Dazu legen Sie zwei bis drei Filzlagen aufeinander, falten sie in der Mitte und nähen sie entlang des Knickes zusammen. Auch dieses noch ungefüllte Buch reicht schon, um es den Kindern zu zeigen.

→

MATERIALIEN

- Filz in verschiedenen Farben
- Lineal und Bleistift zum Abmessen
- Wäscheklammern
- Stoffreste, eventuell auch Leinen, Leder
- Pro Kind 3–4 Lagen Bastelfilz: etwa 15 x 30 cm und 4 mm dick
- Gestaltungselemente wie Knöpfe, Federn, Perlen, Muscheln
- Watte/Wolle
- Wollfäden
- Dickes Nähgarn
- Nähnadeln
- Scheren
- Textilkleber oder Bastelkleber, der auch für Stoff und Filz geeignet ist
- Filz- oder Textilstifte
- Bei Bedarf kleine Schälchen

DURCHFÜHRUNG

© Pilea House/GettyImages

Die Kinder setzen sich an den Basteltisch und Sie zeigen ihnen Ihr vorbereitetes Buch. Führen Sie die Jüngeren in das gemeinsame Vorhaben ein. Jedes Kind sucht sich zwei bis drei der zugeschnittenen Filzstreifen aus und legt sie passgenau aufeinander. Mit Wäscheklammern werden die Filzlagen so fixiert, dass sie nicht mehr verrutschen. Das Ganze wird in der Mitte gefaltet, sodass ein Buch entsteht, und entlang des Mittelfalzes mit Nadeln und Garn zusammengenäht. Das Ende des Fadens wird gut verknotet.
Nun füllen die Kinder ihr Buch ganz nach ihren Wünschen und Ideen. Jedes Kind kann dabei ein eigenes Buch herstellen oder mehrere Kinder gestalten ein Buch gemeinsam. Als Anregung dienen die Stoffreste, Perlen, Wolle, Knöpfe. Diese werden mithilfe von Bastelkleber auf die Filzseiten des Buches geklebt. Wer möchte, kann natürlich auch alles festnähen. Knöpfe und Perlen halten so auch besser und können trotzdem noch bewegt werden. Wie es funktioniert, einen Knopf festzunähen, lernen die Kinder am besten, wenn Sie es ihnen einmal vormachen und sie es an einem Probestück ausprobieren dürfen. Zu beachten ist, dass die Kinder nicht versehentlich zwei Seiten zusammennähen, wenn sie ihren Knopf befestigen. Der Fantasie ist bei der Gestaltung des Buches keine Grenze gesetzt. Sie können jede Seite ganz individuell bekleben oder aber eine zusammenhängende Geschichte erzählen. Details werden mit Filzstiften oder Textilstiften ergänzt. Falls die Kinder eine Anregung benötigen, finden Sie hier einige Vorschläge.

© Jstankiewiczwitek/Thinkstock

Landschaften

Der Boden besteht aus braunem Stoff oder Filz, die Wiese aus grünen Wollfäden oder einem grünen Filzstreifen, in den Zacken geschnitten werden. Blumen werden aus Perlen und Knöpfen mit einem Stiel aus Wolle gestaltet. Ein Haus können die Kinder aus buntem Stoff zuschneiden, mit einem dreiecksförmigen Dach. Aus dem Schornstein kommt Rauch aus Watte. Fenster und Türen werden mit Filzstiften aufgemalt. Die Türklinke besteht aus einer Perle oder einem Knopf.

Tiere

Im Prinzip lässt sich jedes Tier ganz einfach aus Filz zuschneiden. Details werden mit Stiften ergänzt. Die Tieraugen können auch aus kleinen Perlen bestehen. Besonders einfach sind Schafe: Der Kopf besteht aus einem halben Oval aus Filz, der Körper aus einem Büschel Watte. Augen, Mund und Ohren werden mit Filzstift gemalt. Vögel können auch mithilfe von echten Federn gestaltet werden.

Himmel

Sonne, Mond und Sterne schneiden die Kinder aus gelbem Filz oder Stoff aus, die Sonnenstrahlen bilden Wollfäden, die mit Bastelkleber fixiert werden, und Wolken werden mit Watte angeklebt.

© Jstankiewiczwitek/Thinkstock

Das fertige Buch muss gut trocknen. Am Schluss suchen sich die Kinder ein schönes Band aus, wickeln es außen um ihr Buch und schließen es mit einer Schleife. Damit das Band nicht verloren geht, kann es auch am Buchrücken mit drei Stichen festgenäht oder angeklebt werden. So hat das Buch gleich einen hübschen Verschluss und sieht ein bisschen aus wie ein Geschenk.

EIN FLÜSTERFINGERSPIEL ZUM GANZ-LEISE-WERDEN

Pssst, der Löwe schläft!

Auch in der Krabbelgruppe ist es manchmal laut und unruhig. Dieses Fingerspiel können die größeren Krippenkinder schon im Sitzkreis mitspielen. Für die jüngeren Krippenkinder können Sie es mit einem Plüsch- oder Spielzeuglöwen vorspielen und die Kinder machen das Gähnen, Brüllen und natürlich das Ganz-leise-Sein mit.

VON TINA SCHERER

FINGERSPIEL

Pssst, ganz leise, seid ganz still,
weil der Löwe schlafen will.
(Den Finger auf die Lippen legen und „Pssst!“ machen)

Ein zweiter Löwe schlummert auch,
liegt auf seinem Löwenbauch.
(Beide Hände zu einem Maul formen und
auf den Tisch oder die Oberschenkel legen)

Da, ein Lärm, die Löwen gähnen,
schütteln ihre Löwenmähnen.
(Die beiden Hände öffnen und schütteln)

Brüllen laut „Roarrrr!“ und „Zisch!“,
fauchen laut und fürchterlich.
(Die Hände hoch halten, nach Wunsch dazu fauchen)

Liebe Löwen, haltet Ruh,
macht nur schnell die Augen zu.
(Die Hände wieder ablegen und zum Maul schließen,
Schnarchgeräusche machen)

ALTER

ab 1 Jahr

MATERIALIEN

- Nach Wunsch 1 Spielzeug- oder Stoff-/Plüschlöwe

EINE GANZ LEISE MITMACHGESCHICHTE

Komm mit ins Leiseland

Im Leiseland wohnen Elfen, die alles nur ganz leise tun. Ob die Kinder mit auf eine kurze Reise ins Leiseland kommen möchten? Kinder, die noch nicht laufen können, können die Mitmachgeschichte einfach im Sitzen oder Krabbeln mitmachen.

VON TINA SCHERER

ALTER

ab 1 Jahr

MATERIALIEN

- 1 Glöckchen

MITMACHGESCHICHTE

Kennt ihr schon das Leiseland? Dort ist alles ganz leise. Die Leiseelfen, die dort wohnen, gehen so leise, dass man sie kaum hört. Könnt ihr das auch? Dann machen wir uns jetzt auf den Weg. Ganz leise natürlich.
(Leise durch den Raum gehen. Die Kinder können sich dabei an der Hand nehmen. Kinder, die noch nicht laufen können, wippen im Sitzen mit)

So, jetzt sind wir im Leiseland. Hört ihr, wie leise es hier ist? Die Leiseelfen machen nie Lärm. Wenn sie sich hinsetzen, gibt es kaum ein Geräusch. Könnt ihr euch ganz leise, leise auf den Boden setzen?
(Ganz leise hinsetzen)

Nur wenn alle Leiseelfen ganz leise sind, können sie nämlich das Glöckchen hören. Und wer das Glöckchen hört, der ist für diesen Tag ein Glückskind. Kommt, wir machen uns auf die Suche nach dem Glöckchen. Vielleicht finden wir es, wenn wir ganz leise hüpfen? Könnt ihr das?
(Die Kinder versuchen, ganz leise zu hüpfen. Das ist nicht einfach. Kinder, die noch nicht laufen und hüpfen können, versuchen im Sitzen, auf dem Po zu hüpfen)

Hört ihr das Glöckchen? Nicht? Dann probieren wir, jetzt ganz leise zu tanzen. Wer kann das?
(Ganz leise tanzen – im Sitzen oder Stehen)

Jetzt setzen wir uns wieder hin und machen es uns bequem. Lauscht mal, hört ihr das Glöckchen?
(Alle Kinder versammeln sich im Sitzkreis. Sie klingeln ganz leise mit dem Glöckchen)

Pssst, leise! Jetzt, da wir das Glöckchen gehört haben, werden wir heute sicherlich viel Glück haben. Darum gehen wir jetzt ganz leise, leise zurück. Es war schön im Leiseland.
(Noch eine Runde leise im Raum umhergehen)

KOPIERVORLAGEN

KOPIERVORLAGE 1:

Eulendurcheinander

Ein Kobold hat die Eulen im Wald aufgescheucht. Kannst du jede Eule finden und anmalen? Wie viele Eulen sind es?

KOPIERVORLAGE 2:

Schatten-Detektive

Diese Insekten suchen ihren Schatten. Kannst du ihnen helfen? Verbinde dazu jedes Insekt mit dem passenden Schatten. Achtung: Einige Schatten sehen sich ziemlich ähnlich.

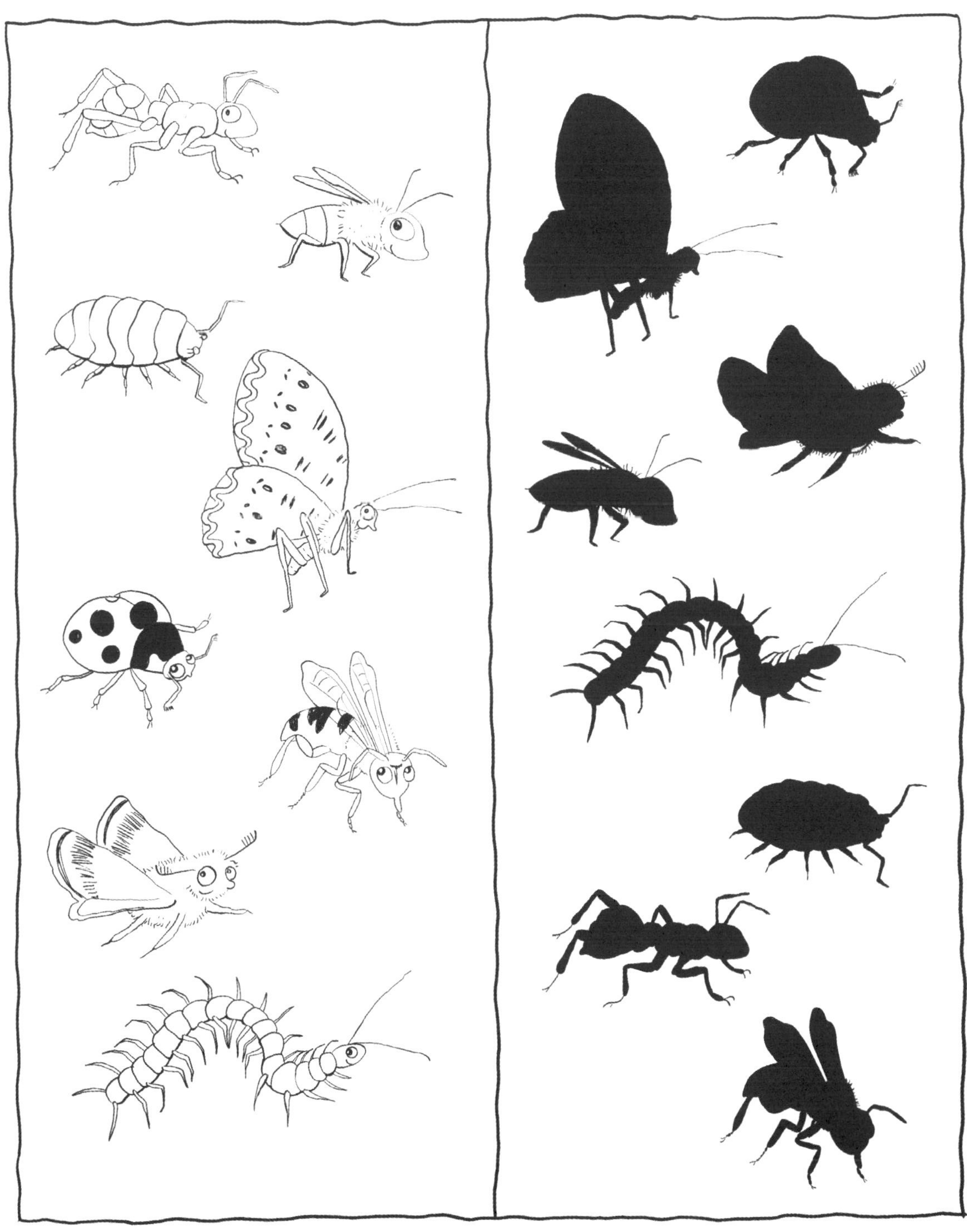

KOPIERVORLAGE 3:

Eulenschlaf

Kannst du dieses Bild von einer schlummernden Eule richtig zusammensetzen? Schneide dazu die Kärtchen einzeln aus und klebe sie auf einem Blatt richtig zusammen, sodass die Eule wieder ganz ist. Wenn du möchtest, dann male dein Bild farbig an.

KOPIERVORLAGE 4:

Fehlerhexe beim Traumstern

Hier siehst du ein Bild, passend zur Geschichte vom Traumstern auf der Seite 61. Die Fehlerhexe hat in das untere Bild fünf Fehler gezaubert. Kannst du sie finden? Male einen Kreis um die Fehler.

KOPIERVORLAGE 5:

Blütenflugplatz

Auf welcher Blüte landet die Schmetterlingsdame Adele? Und wo lässt sich Käfer Kurt nieder? Hilf ihnen und male ihre Flugbahnen mit einem Stift nach.

KOPIERVORLAGE 6:

Eidechse Eika

Die Eidechse Eika aus der Massagegeschichte auf Seite 29 freut sich, wenn du sie farbig anmalst.

KOPIERVORLAGE 7:

Wald-Mandala